팀 리딩

TEAM

임영수 지음

팀 리딩

LEADING

"고성과 팀으로 이끄는"
리더십 인사이트

최고의 팀 경쟁력이 지금
당신으로부터 시작될 것이다.

High
Performance
Team

이 책으로 독자 여러분은
임영수 박사의 30여 년 현장 경험에서 우러나온
팀과 구성원의 성과 극대화에 필요한 리더십 인사이트를
확인할 수 있을 것입니다. 그리고 여러분이 속한 팀과 함께
성장하기 위한 성찰省察의 기회를 가지게 될 것입니다.

단국대학교 경영학부 교수
제14대 한국인력개발학회장

전 정 호

모든 팀에는

리더와 구성원 그리고 성과에 관한 이슈들이 존재한다.
문제는 그 이슈들을 리더와 구성원이 어떻게 관리하고 극복하여
성과에 도움이 되도록 하느냐이고
이것이 리더와 조직의 성공과 실패를 좌우한다.

—

이 책은

리더와 팀 그리고 성과의 주요영역인 경영, 리더십,
인적자원관리, 조직문화 등의 전략과 사례에 관한
저자의 통찰Insight 을 담고 있다. 리더에게는 팀과 관련한
지적 감성과 창의성을, 구성원에게는 리더와 팀을 이해하는 데
도움을 줄 수 있을 것이다.

—

이제 여러분에게

팀과 구성원의 성과를 극대화하는 데 필요한 역량을 갖추는 기회,
성장을 위한 성찰省察 의 기회, 그리고 팀의 불완전성에
가장 효과적으로 대처할 수 있는 계기가 되기를 희망한다.

무엇을 담았나?

우리가 속해 있는 조직은 수많은 인적 네트워크와 문화적 생태계로 구성되어 있고, 팀의 리더와 모든 구성원은 늘 창의적이고 도전적인 목표를 지향하고 있다. 이 과정에서 수없이 많은 이슈와 이해 충돌이 발생하고 있다. 이때 가장 근간이 되는 생태계가 바로 조직과 사람의 관계이고, 이에 대한 의사결정과 운영을 고민하는 것이 바로 리더와 구성원의 역할이다. 조직경영에 있어 리더의 기여와 중요성은 굳이 설명하지 않아도 될 것이지만, 조직은 경쟁력과 성과 극대화를 위해 지속해서 이를 발전시켜 나가야만 한다.

이 책은 CEO와 경영진, 부서장 등 조직의 리더에게는 조직과 성과에 대한 관점을 제공하고, 구성원에게는 리더와 구성원 간의 종합적인 커뮤니케이션에 대한 관점을 제공할 것이다. 이는 경영에 있어 사람이 가장 핵심적인 경영자원이기 때문만이 아니라, 구성원과 함께 성과 있게 일하고, 함께 미래를 꿈꾸려면 반드시 조직과 사람의 작동 원리를 이해하는 것이 필요하기 때문이다.

그간 조직운영에 있어 나름 효과적이었다고 판단하고 있는 가장 보편적 관점의 리더십과 인적자원관리방법도 이제는 조직환경의 격변기에 직면하여 단절적 변화가 필요하게 되었다. 조직과 사람을 관리 Management 하는 관리자 Manager 에서 성과를 코칭 Coaching 하는 리더로 중심도 이동해야 하고, 조직환경과 문화, 핵심가치와 같이 눈에 보이지 않는 요소들에 대한 더욱 민감한 더듬이와 긴 호흡, 섬세한 균형감각도 필요해졌다.

이 책에는 리더십, 인사전략, 인적자원, 효율, 조직문화, 역량, 직무와 역할, 능력, 직급, 평가, 보상 등 우리가 다루고자 하는 리더와 팀에 관한 수많은 이야기가 있다. 이 모든 것들은 오로지 팀과 구성원의 성과를 극대화하고, 이를 통해 조직과 구성원이 함께 성장하는 데 그 초점이 맞춰질 것이다. 그리고 개별 실행과제 단위의 이야기보다 통합적 관점에서의 접근이 이뤄질 것이다.

사실 우리는 그동안 리더와 팀의 효과성과 관련하여 다양한 관점에서 여러 가지 시도를 해왔다. 그러나 성과는 좀체 가시적으로 나타나지 않았다. 이유는 통합된 시너지 효과의 제한 때문이었다. 이제 리더와 팀에 대한 통찰과 종합적 관점을 가지고 하나씩 접근해 가보자. 최고의 팀 경쟁력이 지금 바로 당신으로부터 시작될 것이다.

누구에게 필요한가?

조직과 사람에 대해 제대로 알고 실천하는 것, 이것이 리더가 해야할 궁극의 역할이다. 조직의 리더가 되고자 하는 사람, 가장 성공적인 리더를 꿈꾸는 사람, 이러한 이들이라면 반드시 팀과 구성원에 대한 긴 호흡과 더불어 깊이 있는 이해가 필요하다. 심지어 1인 기업가도 경영에서는 자신에 대한 성찰이 필요하고, 구성원도 더욱 성장하는 미래를 준비하고 있다면 반드시 리더십에 대해 관심을 기울여야 한다.

여러분은 이제 자신을 포함에 성과에 기여 하는 팀과 사람에 대해 성찰할 수 있는 역량을 갖출 수 있고, 고성과팀을 이끌 수 있다. 또한, 자신과 팀의 미래를 위해 무엇을 준비할 것인지도 설계할 수 있게 된다.

리더와 팀 구성원에 대한 이해는 경영학, 법학, 철학, 심리학, 통계학, 산업공학 등 다양한 학문이 종합적으로 배경이 된다. 각종 이슈에 대한 솔루션 Solution 도 결코 단편적이지 않고, 대부분은 예측 자체가 불가능한 경우도 많다. 구성원은 마치 한 바구니에 담겨 있는 달걀이나 과일과 같다. 때로는 전체가 하나인 것 같아서 하나라도 위험 Risk 에 노출되면 전체가 위태로운 상황에 놓일 수도 있다. 때문에, 늘 팀에 대해 성찰하는 리더가 우리에게는 필요하다.

저자 또한 인사조직 분야의 오랜 현장 경험과 학문적 연구 노력을 바탕으로 자긍심 넘치는 여러분 팀의 일원으로 함께 기여하고, 함께 성장하는 미래를 꿈꾸고 싶다.

제5장

스키너의 상자: 조건과 통제

EPILOGUE

감사의 글

제1장

제한된 합리성: 리더와 팀

- 리더의 서재에 있어야 할 것들
- 유능한 리더는 만들어질 수 있다
- 오직 전략과 성과로 말한다
- 팀을 변화와 혁신으로 이끌기

High
Performance
Team

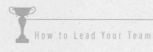

제한된 합리성 Bounded Rationality

리더가 경영에 관한 의사결정을 수행할 때 모든 정보를 가진 최고의 능력자가 최선의 대안을 선택하는 것은 아니다. 대부분의 경우 제한된 정보와 능력, 상황에서 최적의 대안을 선택하게 되는데 이를 제한된 합리성하에서의 의사결정이라고 한다 (HRD 용어사전). 대체로 성과와 역량이 높은 인재가 리더로 선택되지만, 이들이 탁월한 리더십을 발휘하여 팀의 성과를 창출하기 위해서는 또 다른 차원의 노력이 필요하다. 팀의 리더가 일하는 방식이나 책임의 범위는 구성원일 때와는 분명 다르기 때문이다. 리더는 다양한 의사결정 고민과 시련을 겪게 된다. 무엇보다 비전과 목표, 구성원에 대한 책임과 부담은 리더의 자신감에도 영향을 미친다. 늘 합리적이어야 하지만, 모든 상황과 정보가 항상 충족되지는 않는다. 그럼에도 불구하고 구성원과 함께 전략과 변화와 혁신을 통해 고성과 팀으로 이끌어야 한다.

리더의 서재에
있어야 할 것들

T E A M   L E A D I N G

인공지능 기술이 사람들의 일자리를 대체하기 시작했다는 보고들이 나오고 있다. 노동의 미래가 '감성과 창의성'을 잃으면 점점 설 자리가 사라지고 말 것이라는 두려운 전망이다. 그래서 미래 리더십의 핵심은 '감성과 창의성'에 있고, 이것을 가능하게 해주는 것이 바로 리더의 '통찰력과 성찰'이다. 리더는 그의 팀을 앞서 이끌어 가는 사람이다. Read 하는 사람이 Lead 할 수 있다.

리더에게는 늘 팀의 비전과 전략, 운영에 대한 목표가 있어야 하고, 조직과 사람에 대한 통찰이 있어야 한다. 이를 바탕으로 매 순간 일상에서의 성찰이 함께해야 한다. 팀을 떠나 혼자서는 리더로서 의미도 없고, 미래가 없는 팀의 무기력한 리더도 존재의 의미가 없다. 팀의 미래

를 위해 구성원과 한뜻으로 함께해야 진정한 리더라 할 수 있다. 리더
십이 탁월한 리더, 성과로 인정받는 리더, 성공하는 조직과 리더로 가
는 길에서 리더에게 필요한 조건들을 함께 생각해 보았으면 한다.

리더가 알아야 할 5가지

먼저, 리더가 성공적으로 팀을 이끌기 위해서 반드시 알아야 할 5가
지가 있다. 첫째는, 경영이다. 리더가 작은 조직을 맡든 큰 조직을 맡
든, 전체 조직의 경영에 대한 이해가 있어야 한다. 그래야 구성원들에
게 업무의 방향과 목표를 제대로 설정해 줄 수 있다.

대부분 조직은 연초가 되면 해당연도의 목표를 새롭게 설정한다. 순
서는 회사의 목표를 세우고, 그중 조직이 담당할 목표를 확정한 다음,
구성원 개개인의 목표로 순차적으로 전개한다. 그런데 조직의 리더가
경영과 전략에 대한 이해가 부족하면, 자신이 책임지고 있는 팀과 구성
원의 목표를 회사의 목표와 제대로 정렬Alignment할 수가 없다. 경영에
대한 이해를 바탕으로 구성원들을 산이나 바다가 아닌 목표지향으로
제대로 이끌어야 한다. 그래야 경영환경이 변해도 궁극의 방향은 쉽사
리 흔들리지 않는다. 또한, 지금은 자기 일만 잘하면 되는 상황이 아니
다. 관련 부문 간의 유기적인 협업이 잘돼야 전체 조직이 목표를 효과
적으로 달성할 수 있다. 이 또한 경영을 알아야 잘할 수 있다.

둘째, 조직을 알아야 한다. 조직을 본원적 의미에서 보면 리더 권한
의 경계일 뿐만 아니라 조직 내 분업과 조직 간 협업의 단위이다. 현장

의 리더들이 하는 흔한 실수 중 하나가 내 조직의 일만 잘하면 된다는 사고이다. 이는 조직에 대해 경계를 구분하고, 방어적, 자부문 중심적으로 협소하게 이해한 데서 오는 실수이다. 조직은 전체의 목표를 위해 기능적 또는 역할, 영역 단위로 분화해 놓은 것일 뿐이다. 그 때문에 전체 조직의 목표가 달성되려면 각각 분화된 기능들이 상호 유기적으로 협업을 해야 한다. 이것이 조직 분화의 근본 목적이고 기본 원리이기 때문이다.

다른 조직과의 관계에서 분리된 조직은 엄밀히 말하면 내부에 존재할 필요가 없다. 그런 독립적인 기능의 조직이라면, 굳이 내부에 유지하는 것보다는 더욱 전문화된 외부 조직의 역량을 필요에 따라 빌려 쓰면 된다. 차라리 그것이 더 효과적이다. 그런데도 일부 리더들은 자신의 조직과 업무영역을 보호한다는 명분으로 전체 조직 차원에서 생각하지 않고 타 부문과의 협력에 소극적인 경우가 있다. 물론 이러한 현상들은 조직 간 과도한 경쟁에서 오는 극히 일부의 일이고 단순 불협화음인 경우가 많다. 리더는 이러한 조직 간의 경계를 허무는 사람이 되어야 한다. 구성원들은 담당하는 각자의 전문 분야가 있어서 내부 지향적일 수 있다. 그러나 리더는 그런 구성원을 이끌고 협업 지향적 Collaboration, 외부 지향적으로 일을 해야 한다. 그래야 전체 조직과 방향성과 보조를 맞출 수 있다.

셋째, 사람에 대해 알아야 한다. 일은 결국 사람이 한다. 그런데 구성원에 대한 업무적, 정서적 이해가 부족한 리더가 일부 있다. 원래부터 사람에 대한 이해가 부족하다기보다는 조직운영의 중심을 리더가 어디에 두고 있느냐 하는 문제에서 비롯된다. 탁월한 리더는 조직운영을 일과 사람의 조화Harmony에 둔다. 경영의 관점에서 보면 이는 과도한 성과 지향성도 아니고, 그렇다고 과도한 관계 지향성도 아니다. 조직운영에 적절한 조화가 있다는 얘기다. 뛰어난 리더는 구성원과 성과의 관계에는 엄격하되, 그 일을 수행하는 과정과 비전, 성장의 측면에서는 구성원에 대한 지원과 배려를 아끼지 않는다. "일의 결과만 보겠다, 평가로 얘기하겠다, 잔 특근이나 퇴근하는 시간으로 성과를 평가하겠다, 지시만 잘 따르면 된다" 등의 얘기를 자주 하는 리더는 사람 즉, 구성원에 대한 자신의 관점을 다시 한번 생각해 볼 필요가 있다. 사람이 곧 경쟁력의 원천이기 때문이다.

조직은 여러 구성원으로 이뤄져 있고, 모든 구성원은 일을 통해 성장하고 보람을 찾는다. 여기에 함께 일하는 구성원 간의 관계 또한 성과에 결정적인 영향을 끼친다. 때문에 리더는 구성원들이 자신의 일을 함에 있어 물리적, 관계적 제약이 없도록 해결해 주고 지원하는 역할을 담당해야 한다.

넷째, 조직문화를 알아야 한다. "리더가 조직문화까지 알아야 하나?"라고 할 수도 있겠으나, 조직문화는 경영진이나 담당 부서만의 영역이 아니다. 바람직한 조직문화는 구성원에게 바람직한 일의 동기를 부여해준다. 조직문화는 일하는 환경이기 때문에 일의 현장에서 형성되고 구성원 간의 관계와 성과에 영향을 주게 된다.

구성원들이 상호 협력하는 문화, 자기 일을 끝까지 책임지고 해내는 문화, 정직하게 일하는 문화 등 이 모든 것이 일을 함에 있어 행동과 의사결정의 기준으로 작용한다. 그만큼 중요한 것이 조직문화다. 따라서 리더는 이 조직문화가 구성원의 성과에 긍정적 환경으로 작용할 수 있도록 관리하고 이끌어 주어야 한다.

다섯째, 변화의 추세를 읽을 줄 알아야 한다. 변화의 추세는 곧 흐름이고 팀을 둘러싼 환경에 대한 이해이다. 리더는 비전을 통해 조직을 이끌어 가는 사람이다. 그런데, 세상과 환경이 변화하는 흐름을 읽지 못하고 있다면, 조직이 가야 할 방향을 제대로 설정할 수 없다. 늘 자신과 조직 모두가 한순간에 패배자가 될 수도 있다는 긴장감을 가지고 깨어 있어야 한다.

경영을 알고, 조직환경을 알고, 세상 돌아가는 추세를 알아야 팀이 민첩 Agility 하게 움직일 수 있다. 늘 같은 일을 반복하고 있다고 생각되거나, 매년 반복적으로 과제의 목표를 설정하고 있다거나, 같은 방식의 해법을 큰 고민 없이 반복하고 있는 경우라면 다시금 자신을 되돌아보아야 한다. 반복이 잘못은 아니다. 하지만 그것이 리더의 타성이라면 그것은 조직의 실패에 가깝다. 그 피해는 조직과 구성원에게 고스란히 돌아오기 때문이다.

리더가 실천해야 할 5가지

리더가 반드시 알아야 할 5가지 외에도 이를 바탕으로 반드시 실행에 옮겨야 할 핵심적인 5가지를 추려보았다. 이것들이 전부는 아니지만 그래도 대표적으로 리더가 알고 실행에 옮겨야 할 것들임에는 틀림이 없다.

첫째, 리더는 통찰력을 키우기 위해 노력해야 한다. 경영과 조직 전체를 바라보고 판단할 수 있어야 하고, 일의 앞뒤와 환경이 미치는 영향들을 직관적으로 판단해 낼 수 있어야 한다. 종합적인 정보를 섭렵하고, 조직 전체를 꿰뚫어 볼 수 있어야 한다. 어떤 리더들은 리더의 생각과 의지를 밝히는 중요한 자리에서조차 부하 사원이 써준 것을 그대로 들고 가서 보고하고, 발표하고, 읽고 오는 경우가 있다. 리더로서 자신의 신념이나 판단이 전혀 안 들어가 있다. 물론, 일의 과정에서 함께 공유했고, 상당 부분이 겹치는 경우도 있을 수 있고, 구성원에 대한 육성 측면에서 안목과 자율성을 키워주기 위해 그럴 수도 있겠으나, 이것이 습관이 되면 자신의 책임마저 회피하게 된다.

이런 상황의 처음 시작은 리더의 통찰력 부족에서 기인한다. 그러니 자꾸 다른 사람에게 의존하게 되고, 자신이 고민해서 결정해야 할 일도 남이 해오는 대로 결정한다. 자신이 해야 할 일을 미루고 넘기는 것은 권한위임이 아니라 책임의 회피다. 리더는 통찰력을 통해 자신이 담당하는 영역을 넘어서는, 조직 전체의 관점에서 균형감 있는 판단을 해야 한다.

둘째, 리더는 비전을 통해 구성원을 선도해야 한다. 즉, 리더의 시선을 미래에 두어야 한다. 일상적인 일의 중심은 구성원들에게 맡기고, 조직이 미래를 대비해서 나아가야 할 방향과 해야 할 일을 고민하는 것이 중요하다.

자신의 후임자Successor도 조직과 개인의 비전을 위해 적극적으로 육성하고, 구성원의 미래에 대한 고민도 함께 해주고, 경영과 시장과 기술이나 지식의 변화도 학습하고, 타 부문과의 협력도 적극적으로 모색해야 한다. 그래야 비전을 올바르게 설정할 수 있다.

구성원 개개인이 목표를 설정할 때도 균형성과지표BSC, Balanced Score Card 관점 등에서 다양한 접근을 하는데, 하물며 조직이 가야 할 방향을 올바르게 잡는 데 있어서 고려해야 할 요소들이 절대 적지 않을 것이다. 비전은 이러한 것들의 지향점을 어디에 둘 것이냐 하는 것이다. 리더는 적어도 한 단계나 두 단계 다음의 목표와 할 일을 염두에 두어야 한다. 그래야 조직의 지속성을 보장할 수 있다.

셋째, 적어도 팀의 리더는 전문성의 바탕 위에 서야 한다. 이를 위해 사전에 조직 내에서 다양한 업무 경험을 거치면서 성장하는 것이 중요하다. 일을 통한 성장이 가장 바람직하고 효과적인 인재육성방법이다. 이 원칙에 따라 미래의 리더도 육성해야 하고, 리더 자신도 전문성을 키워야 한다.

그런데, 이를 소홀히 하고 오로지 사내 정치에 의존하는 사례가 많다. 자신의 라인으로 자리를 채우거나, 말 잘 듣는 사람, 가방 잘 들어주는 사람, 부리기 편한 사람, 술 같이 먹어주는 사람으로 조직을 운영하는 것은 리더가 조직운영에 있어 오로지 자신의 이해관계를 위해 사람을 쓰는 것이다. 이런 경우의 대부분은 사전에 후보자를 검증하고, 육성하는 체계가 조직 내에 미비하거나, 충분한 인재풀Talent Pool을 갖추고 있지 못하거나, 자질이 부족한 리더에게 조직이 맡겨진 경우 주로 나타난다.

문제를 직시해야 해결의 실마리도 제대로 풀 수 있다. 전문성이 기반이 된 리더는 구성원에게 자연스럽게 성장의 모델이 될 수 있고, 업무도 더욱 발전된 시각에서 조언해 줄 수 있다. 일의 앞과 뒤 맥락Context을 알고 있으니 시간도 효율적으로 활용할 수 있고, 남는 여력을 미래

지향적 관점에서 고민할 수 있다. 조직은 전문성에 기반에 운영하는 것이 순리이고 효과성도 높다.

넷째, 성찰省察하는 일상이 필요하다. 리더의 필수 덕목 중 하나가 바로 성찰이다. 자신의 모습을 '자기객관화' 노력을 통해 있는 그대로 솔직하게 내어놓고 되돌아보면서 고민하지 않으면 발전이 없고 미래도 없다. 성찰은 발전을 위한 필수 과정이다.

자신을 돌아볼 줄 아는 리더가, 구성원에 대한 육성 코칭도 진정성을 가지고 깊이 있게 할 수 있고, 서로 간의 신뢰도 높게 형성된다. 자신이 리더가 된 것은 혼자 이뤄낸 결과가 결코 아니고 모든 구성원이 함께 노력한 결과이다. 그러니 구성원에 대한 책임도 보다 크게 느끼는 것이 맞고, 이러한 구성원에 대한 리더의 대답이 바로 자신에 대한 성찰을 바탕에 둔 코칭Coaching을 하는 것이다. 코칭은 리더 자신의 경험과 삶을 다른 사람에게 나눠주는 것이기 때문이다.

다섯째, 리더의 유형을 야구에서 찾아보면 투수형 리더, 포수형 리더, 심판형 리더로 구분할 수 있을 것이다. 가급적이면 일머리를 던지는 투수형 리더나, 구성원의 도전을 리드하고 촉진하는 포수형 리더에서 롤 모델Role Model을 찾아야 한다. 리더가 일의 앞에 서야 한다. 리더가 뒤에서 턱으로만 일한다면, 그 사람은 리더가 될 자격이 없다. 그러나 불행하게도 덜 성숙한 리더들은 턱으로 일할 생각부터 한다. 진정한 리더가 되려면 모두의 앞에 서서 태풍 몇 개, 벼락 몇 개는 맞을 각오가 돼 있어야 하고, 또 그래야 자신도 제대로 성장하고, 구성원들도 자발적으로 따라나선다.

자신감이 넘치는 리더는 항상 구성원의 앞에 서서 이끌어 가고, 앞에선 리더는 당연히 결과에 대해서도 책임지는 모습을 보인다. 자신감이 없는 리더는 핵심을 벗어난 엉뚱한 얘기를 하거나, 굳이 말하지 않아도 누구나 알 수 있는 뻔한 얘기를 하거나, 구성원의 뒤에 서서 우물쭈물하는 모습을 보인다. 책임지지 않는 리더를 마음으로부터 따를 구성원은 없다. 만약 있다고 한다면 그것은 올바르지 못한 권력에 비굴한 동조자가 되어 잠시 이용하고 숙이는 척하는 것일 뿐 결코 선의로는 인생을 함께하지 않는다.

리더가 생각하고 행동해야 할 몇 가지를 얘기 나눴다. 충분하지는 않지만 적어도 자신을 되돌아보는 계기는 될 수 있을 것으로 생각된다. 리더가 행해야 할 올바른 코칭은 올바른 질문을 던지는 것이다, 해답은 누구든지 스스로 자신의 안에서 찾아야 한다. 그래야 진정한 해답을 찾을 수 있다. 서두르거나 조급해할 필요도 없다. 지금 오직 필요한 것은 변화를 갈망하는 간절한 마음이면 충분하다.

⌐ Self Check Point

- ☐ 리더가 알아야 할 5가지에 대한 간절함이 있는가?
- ☐ 리더가 실천해야 할 5가지를 따르고 있는가?
- ☐ 오로지 자신에게서 문제를 찾고자 집중하고 있는가?

유능한 리더는
만들어질 수 있다

TEAM LEADING

왜 리더십이 중요한가?

리더십이란 조직을 이끄는 영향력_{역량, 권위, Skill 등}을 말한다. 리더에게 이 리더십은 수많은 경험을 통해 만들어지기도 하지만, 목적을 가진 의도된 교육을 통해서도 형성된다. 어떠한 방식이 더 효과적인가는 리더십 발현의 결과로써 판단할 일이지만, 현장 조직에는 비록 체계화되어 있지는 않다고 하여도 고유의 경영방식과 조직문화로 자리 잡고 있다. 관건은 조직의 전략이 이를 지속성 있게 조직 내에 뿌리를 내리게 하는 것이고, 더욱 발전시켜 나가는 것이다. 조직의 성패는 리더십이 많은 부분을 좌우한다. 가장 좋은 것은 경영활동의 과정에서 자연스럽게 형성되어 전통이나 가치로 전수되는 것이지만 이 경우 시행착오나 부작용 또한 적지 않다. 조직과 사람에 관한 일은 가만히 흘러가도록 두면 자신보다 부족한 사람만 계속 밑에 채워가는 현상Harry's Rule 이 나타난다. 무능한 리더가 자신의 자리를 지켜내는 방법이다. 그래서 고인 물은 썩는다고 하는 얘기가 여기에서 나온다. 조직에는 반드시 메기와 같은 존재가 있어야 한다. 이것이 글로벌 일류기업 S사의 이건희 회장이 얘기한 메기론이다. 당시에는 충분히 이해하지 못했지만 조직생활을 몇 해 짧지 않게 해보니 이 또한 부인할 수 없는 진리였다. 리더는 의도를 가지고 조직의 시스템에 의해 만들어 가야 한다. 사례를 보면 압도적으로 탁월한 리더는 조직 내에서 잘 만들어지지 않지만, 보통보다 나은 뛰어난 리더는 충분히 육성되어진다.

조직에서 리더는 조직의 방향에 대해 중요한 의사결정을 하는 사람이다. 리더가 시장, 사업, 기술, 경영환경, 인적자원 등에 대한 충분한 지식과 판단력을 가지고 있지 못하다면 그 조직은 실패한 조직이 되기 마련이다. 조직에는 리더 외에도 많은 이들이 속해 있고, 그 조직이 미션을 실패함에 따라 영향을 받는 많은 또 다른 조직들이 있다. 결국, 팀 단위 조직의 실패가 전체 경영 차원의 실패를 초래할 가능성이 커진다. 리더는 구성원들에게 있어서 성장 비전이자 목표이기도 하다. 물론 많은 조직에서 듀얼 트랙Dual Track 등에 의해 전문가로의 다양한 성장 경로를 운영하기도 하지만 전통적인 형태에서는 전문역량이 뛰어난 인재가 순리에 따라 조직의 리더가 되는 경우가 대부분이다. 그런데 이런 흐름이 깨어지면 구성원들의 사기에도 영향을 미친다. 그렇다고 반드시 조직 내에서 성장한 사람만이 리더가 될 수 있다는 것은 아니다. 때에 따라서는 전략적 판단에 따라 조직 외부에서 수혈함으로써 조직에 새로운 변화와 충격을 주기도 한다. 역시 이 경우에도 리더는 변화를 견인하는 주체로서 더욱 중요한 역할을 담당하게 된다.

왜, 리더십 역량을 개발해야 하나?

리더는 태어나는 것이 아니라 만들어진다. 그리고 리더십은 조직의 정체성을 대표한다. 조직의 정체성은 경영철학이며, 문화이고 핵심가치를 말하며, 구성원이 추구하는 일상의 사고와 행동의 방식이다. 이것이 구성원들 사이에서 체질화되면, 조직과 나를 동일시하는 '조직일체감'이 형성되었다고 말할 수 있다. 이 조직일체감을 견인하는 사람이 바로 리더이다. 그러나 조직일체감의 형성은 그리 쉬운 일이 아니고, 시간 또한 오래 걸린다. 때문에, 올바른 리더를 육성하는 일이 단기간에 이루어질 수가 없다. 그래서 리더십 육성체계를 갖추고 있는 조직들은 최하위 단위의 구성원부터 계층별로 요구되는 역량들을 리더십 파이프라인으로 체계화하여 오랜 기간 지속성 있게 육성하는 노력을 기울이고 있다. 문제는 경영철학이나 조직문화, 핵심가치 실천의 체질화가 하루아침에 잘 이루어지지 않는다는 것이다. 때문에, 체계적인 조직 내 육성 노력이 필요하다.

리더가 핵심적으로 감당해야 할 일 중 또 하나가 바로 생산적 조직문화를 선순환시키는 것이고, 리더십이 조직과 개인의 성과에 미치는 영향 또한 지대하다. 리더의 역할 중 가장 큰 비중을 차지하는 것이 성과관리 코칭이라 할 수 있다. 구성원에 대한 육성도 일상의 성과관리를 통해서 한다. 결국, 리더 역할의 전부가 성과관리라고 해도 과언이 아니다. 경영이 어려워지는 조직에서 나타나는 전조 현상 중 하나가 바로 리더가 성과에 대한 도전 의지를 상실하고, 보수적이고 방어적으로 나서는 모습들이다. 이 경우 조직 간 협업은 물 건너간다. 그래서 리더를 제대로 키워놓지 않으면 조직 변화에 리더가 제일 먼저 부정적으로 반응하는 것이다. 이것은 보통의 리더가 자기 조직과 자신의 자리를 보호하려는 본능적 습성을 나타내는 것이다. 리더의 이러한 기조는 부서원들의 손발마저 묶어놓는 결과로 나타난다. 결국, 부서원들이 적극적으로 성과창출과 협업에 나서야 할 이유를 찾지 못하게 된다.

"자리가 사람을 만든다"는 말이나, "역할을 줘서 기회를 주어보자"는 얘기를 가끔 듣는다. 하지만 그런 경우의 대부분은 그동안 준비를 전혀 안 해왔다는 '무관심과 무능'에 대한 자기 인정에 가깝다. 이것이 차상위 리더의 자신에 대한 책망이면 좋겠으나 사실은 그렇지 못한 것이 조직의 불편한 진실이고, 결국은 자신보다 못한 사람으로 채우기 시작하는 무능한 조직이 시작되는 순간이다. 최고경영진의 역할이 바로 이러한 일이 현장에서 일어나지 않도록 준비하고 관리하는 것이다. 이것이 바로 개발된 리더십을 사전에 준비해야 하는 이유이다.

우리 조직에는 어떤 리더십이 필요한가?

목표가 같다면 일을 추진하는 방식은 권한위임을 통해 각자의 역량에 맡기는 것이 일반적이다. 리더십도 마찬가지다. 모두가 같은 방식으로 성과를 추구한다면 조직의 다양성도 사라지고, 창의성도 제한된다. 때문에, 목표가 같다면 일을 추진하는 데 필요한 방법의 선택은 각자의 몫으로 남긴다. 일의 주도성을 기준으로 리더십 유형은 주도형과 지원형으로 구분해 볼 수 있다. 리더 주도의 성과 지향성이 뚜렷한 리더십과 권한의 위임에 의해 구성원의 자율적 성취를 지원하는 리더십으로 구분하는 것이다. 이를 굳이 달리 표현하면 리더형과 관리형으로 정의할 수도 있다. 경우에 따라서 이것이 선택의 문제가 아닐 수도 있고, 이와 같은 리더십 유형의 구분이 경영에 심대한 영향을 미칠 정도로 중요한 부분은 아니라고 판단된다. 중요한 것은 추구하는 목표이고, 방법의 선택은 각자에게 주어진 권한이다. 리더로 인정했으면 권한도 주고 책임도 주는 것이다. 그리고 리더는 오로지 성과로 얘기하는 것만이 있을 뿐이다. 조직이 필요로 하는 리더는 조직을 잘 운영하여 성과를 잘 내는 리더이다. 우리에게는 전쟁에서 싸워서 이기는 리더만 필요한 것처럼, 일상이 전쟁인 조직에서 성과를 내지 못하는 리더는 아예 임명하지 않거나, 임명했어도 성과 개선의 가능성이 낮다면 신속하게 교체하는 것이 맞다.

주도형 리더는 성과창출의 최일선에서 조직을 이끌어 간다. 조직환경의 변화에 대한 조직 전체의 대응력도 매우 빠르다. 조직의 기민성 Agility 이 높다는 것이다. 더불어 구성원이 느끼는 리더십에 대한 의존도 또한 매우 높다. 때문에, 리더의 다재다능한 재능이 효과적으로 발휘되면 조직력이 잘 결집되고 뛰어난 성과를 만들어 낼 수 있다. 탁월한 리더가 탁월한 성과를 견인해 내는 것이다. 경영환경이 급변하는 상황에서 대단히 효과적인 리더십 유형이 될 수 있다.

지원형 리더는 구성원들 각자가 일의 주체가 되어 일선에서 활발하게 움직인다. 각자가 가지고 있는 권한과 책임의 범위에서 조직기능이 전방위적으로 활력을 유지하며 성과를 창출해 낸다. 이때 리더의 역할은 각각의 구성원의 방향과 속도를 조절하는 것이다. 전체가 균형 있게 성장해 가야 하므로 리더가 챙기고 지원해야 할 부분이 많다. 방임적 모습과는 다른 것이다. 속도는 늦지만 팀이 꾸준히 나아가고, 팀 전체의 성과 품질도 상대적으로 높게 나타날 가능성이 높다.

결국, 주도형이든 지원형이든 리더십에 대한 선택은 리더의 자질과 조직환경의 변동성, 담당하는 업무의 속성을 통해 선택될 가능성이 높다. 이를 효과적으로 판단하기 위해 일반적으로 판단하는 기준이 늘 존재하는 것은 아니다. 따라서, 리더에게 요구되는 공통된 자질인 로열티 Loyalty 나 전문성 등이 검증되고 나면 리더십 스타일의 발현은 리더의 몫이다. 물론 과거의 성공 사례는 있겠지만 모든 상황에서 모든 사례가 일치하는 것은 아닐 것이기 때문이다. 상황이 다르니 전략과 리더십 스타일에 따라 성과는 결정지어진다. 중요한 것은 실패를 통해 배우는 리더와 배우지 못하는 리더를 구분하고, 계속해서 역할과 책임을 부여할 것인지 말 것인지를 결정하는 것이다. 적어도 리더에게는 전투에 임함에 있어 연습의 시간이 없다. 늘 실전이 존재할 뿐이다.

리더에게 필요한 역량은 무엇인가?

리더십 스타일이 주도형이든 지원형이든 그것은 리더의 선택이다. 그러나 그 이전에 갖춰야 할 리더로서의 기본역량 즉, 자질이 있다. 최소한 리더를 선택할 때는 다음의 5가지 리더십 역량은 반드시 따져보고 선택하는 것이 맞다. 물론 다음의 5가지보다 우선하는 가장 근본적인 것은 굳이 언급할 필요도 없이 '전문성'이다.

첫째, 전략적 마인드이다. 리더가 전략적 마인드와 역량을 갖추고 있어야 구성원에게 올바른 방향성을 제시할 수 있고, 문제를 극복할 대안도 제시할 수 있다. 전략적 마인드가 부족하면 부지런만 할 뿐 성과를 내기가 어렵다. 바쁘긴 한데 성과가 없다는 얘기다. 전략이 없음을 보완하기 위해 허덕거리고 자원만 낭비할 뿐이다. 자신을 포함해 모두에게 피해가 된다. 능력을 부지런만으로 채울 수는 없다.

둘째, 비전역량이다. 조직의 비전과 개인의 비전에 대해 구성원과 대화를 나눌 수 있어야 한다. "이건 이렇게 하고, 저건 저렇게 하자"고 하는데, 그래서 우리가 궁극적으로 추구할 것 즉, 일의 목적이 무엇인가에 대한 고민이 없다면 문제가 아닐 수 없다. 구성원들은 하루살이처럼 매일매일이 그냥 답답할 뿐이다. 어떤 리더는 구성원들에게 비전을 제시할 필요성을 느끼지 못하는 경우도 있다. 그냥 따라오면 된다는 식이다. 그런 경우 잘 생각해 보자. 자신이 비전을 제시하지 못하는 것인지? 안 하는 것인지? 이 경우 대부분은 못하는 경우가 많다.

셋째, 코칭 역량이다. 리더는 성과로 얘기하고, 리더십은 성과창출을 위한 코칭 활동이다. 코칭을 충실히 하지 않으면 성과관리를 제대로 하지 않는 것과 같다. 코칭은 특정한 시기를 정해놓고 하는 활동이 아니다. 일상에서 늘 행하는 것이다. 스스로 존재 이유를 알지 못하는 리더는 조직이 신속하게 그 필요성을 다시 판단해야 한다.

넷째, 소통역량이다. 소통은 업무상의 소통과 구성원과의 정서적 유대감과 관계 관리를 위한 소통 등으로 구분할 수 있다. 둘 다 소홀히 할 수 없는 부분이다. 리더의 소통역량은 성과에도 영향을 미친다. 정보의 공유와 인식의 공감대 형성에도 중요하다. 소통은 반드시 쌍방향성을 갖는 것이 바람직하다. 소통과 지시도 쌍방향인가 일방향인가에 따라 다르다. 소통에 시간이 부족함을 느끼는 리더들이 많다. 이 경우 시간보다 방법에, 권한위임의 적절성에 대해 고민을 해볼 필요가 있다. 아무리 바빠도 소통에 할애할 시간이 없을 정도로 바쁜 경우는 없다. 어쩌면 정성이 부족한 경우가 아닌지 모르겠다.

다섯째, 혁신역량이다. 모든 조직은 환경에 따라 생산적 변화를 지향해야 하고, 모든 변화는 리더로부터 출발한다. 리더가 바로 변화의 주체이다. 스스로 구성원에 앞서 변화할 수 있는 역량이 있는 리더가 조직의 변화를 선도적으로 이끌 수 있다. 리더의 혁신역량이 중요한 이유이다. 과거에 사는 조직은 없다. 모든 조직은 미래 지향성을 갖추고 있어야 지속 가능성을 보장할 수 있다.

어떻게 개발할 것인가?

이미 교육, 세미나, 상황 실습 등 다양한 리더십 개발 프로그램이 운영되고 있고, 현장에서 그 효과성을 평가받고 있다. 그러나 대부분의 프로그램들이 교육에 한정되고, 현장에서의 실천으로는 잘 이어지지 못하고 있는 듯하다. 중요한 것은 현장에서 실천되는 것이다. 올바른 리더십은 선택이 아니고 반드시 갖추어야 할 필수 요소다. 좀 더 효과적인 리더십 개발을 위해 조직 내에서는 주요 포스트에 대한 승계계획Succession Plan과 연계하여 후계자를 사전에 리더십 개발 측면에서 육성하는 노력이 필요하다. 역할을 전제로 한 육성이 몰입도도 높고 가장 효과적이기 때문이며, 이를 충실히 거치지 않으면 많은 시행착오를 통해 조직력이 훼손되는 경우가 발생할 수 있다.

다음으로 도전적인 과제를 통해 전문성과 리더십을 검증하는 것이다. 다른 사람을 이끌려는 자는 스스로 자신의 한계를 극복하는 단련의 과정을 거치는 것이 필요하다. 그래야 자신과 다른 사람의 한계도 이해할 수 있고, 이를 통해 쌓은 경험을 바탕으로 어떠한 고난도 극복해 낼 수 있다. 더불어 일상에서 조직과 과제를 리드하거나, 리더를 지원하는 역할을 수행하게 하고, 다양한 세미나, 교육과 사례 학습Case Study 등을 통해 체계적인 이론과 사례를 학습할 필요가 있다. 특히 학습된 다양한 사례들은 간접 경험으로 시행착오를 줄이는 데 도움이 된다.

조직에서 리더를 육성하는 문제는 고유의 시스템으로 정착시키고 조직문화로 정립해 갈 필요가 있다. 유능한 리더는 후계자를 육성하는 데 많은 시간을 투자하지만, 무능한 리더는 자신의 자리를 지키는 데 오로지 몰두한다. 글로벌 일류기업들의 사례를 보아도 그들이 얼마나 후계자 육성에 투자하는지를 알 수 있다. 예를 들어 리더십평가센터Assessment Center와 같은 진단, 분석, 코칭 프로세스를 조직 내부기능으로 구축하여 운영함으로써 리더십의 체계적인 육성을 보장한다. 지속가능한 경영을 하는 조직들은 이와 같이 조직 내에서 다양한 시련의 경험을 통해 후보자들을 진정한 '차세대 리더'로 키워내고 있는 것이다. 그리고 그들이 또 조직을 성공적으로 이끌어 간다. 실패할 때마다 리더를 내쳤다면 누가 도전을 시도할 것이며, 지금 누가 실패에서의 배움을 통해 최고경영자로 성장했겠는가?

리더의 조건은 무엇인가?

각각의 조직마다 반드시 리더가 있다. 조직의 성패는 리더가 좌우한다고 해도 과언이 아니다. 어떤 리더가 조직을 가장 성공적으로 이끄는 사람일까? 리더는 조직의 성과로 자신을 얘기한다. 어떤 유형의 리더십을 발휘하는 리더가 더 성과를 높게 만들어 내는지는 그 조직의 업의 특성과 처한 상황에 따라 다르므로 단정적으로 얘기할 수는 없을 것이다. 그러나 조직의 미션Mission에 대한 인식이 명확하고, 비전을 통해 구성원을 이끌어 가고, 구성원의 자율과 책임에 기반하여 성과를 창출하고, 역량 개발과 육성에 관심을 기울이는 리더가 탁월한 리더로 평가되고 있다. 그러면, 탁월한 리더가 되기 위해서는 어떤 자질을 갖추는 것이 필요할까? 그간의 조직생활을 통해 느낀 점을 회고해 보면 그리 어렵지 않게 몇 가지 확실한 차이를 발견할 수 있었다.

첫째는 도덕성이다. 리더도 사람이기에 완전무결할 수는 없지만, 그래도 구성원과의 관계와 업무적, 인격적 리더십에서 도덕적으로 문제가 없어야 한다. 흠결이 있는 리더십은 결코 조직을 바르게 이끌 수 없다. 한 바구니에 부패한 과일이 들어 있는 것과 같은 결과를 초래하게 된다. 공감할 수 없는 틀린 얘기로 바르게 호통칠 수는 없는 노릇이기 때문이다. 리더가 도덕성을 잃었을 때 구성원들은 결코 진심으로 따르지 않는다.

둘째는 진정성이다. 진정성이 없는 리더는 업무 관계든 개인적 관계든 신뢰를 형성할 수 없다. 신뢰받지 못하는 리더는 구성원의 역량을 모을 수 없고, 무엇을 하든 사상누각이다. 결국, 남을 믿지도 못하니 자신만을 위한 조직운영을 하게 된다. 한 입으로 두말하는 경우도 있다. 대표적인 진정성 결여의 상황이다. 리더와의 면담을 통해 이를 경험하게 되면, 공식적 의사결정의 신뢰성도 흔들린다. 구성원은 확신이 없는 일에 자신의 몸을 던져 일할 리가 만무하다.

셋째는 업무역량이다. 팀의 전문성에 대한 리더십이 확고해야 자신감 있게 구성원들을 이끌 수 있다. 조직의 비전도 제시하고, 구성원의 업무 방향도 잡아주고, 일상에 대한 코칭도 할 수 있다. 물론 리더의 레벨에 따라서 반드시 실무역량이 전제되는 것만은 아닐 수도 있다. 조직의 최상위 레벨 리더의 경우 업무 일선의 리더에게 요구되는 전문역량과는 다른 차원에서 요구될 수도 있기 때문이다. 대표적인 것이 비전과 혁신역량을 들 수 있다. 일단은 현장의 리더에게 초점을 맞춰보자. 보통은 업무역량에 대한 리더의 자기인식이 과도한 경우에는 구성원의 건설적 제안이나 아이디어를 끌어내는 데 한계는 있을 수 있다. 과도한 자기 확신이 구성원의 창의성을 막을 수도 있기 때문이다. 그런데도 각 기능 단위를 책임지는 팀의 리더는 확실한 전문역량의 바탕 위에 서야 한다. 그래야 현장감 있는 살아 있는 지식과 정보를 나눌 수 있다.

넷째는 소통하는 능력이다. 아무리 업무역량이 뛰어나고, 도덕성과 진정성에 인간미까지 갖추고 있어도 구성원 또는 유관 조직과의 소통능력이 부족하면 리더의 자질에 결격이 생긴다. 리더는 구성원들의 능력 발현을 끌어내는 사람이다. 소통을 잘하지 못하면 구성원들도 우왕

좌왕하게 되고 결국은 혼자서 일과 씨름하게 된다. 조직적으로 일하는 능력이 부족하게 되는 경우이다. 조직을 이끌고 일하라고 했더니, 구성원들 다 퇴근시키고 혼자 밤새고 있는 것과 다름없다. 소통능력은 개인 간뿐만 아니라 조직 간에도 탁월한 발현이 필요하다. 소통에서는 제때 자주 하는 것 외에 다른 왕도는 없다. 조직 간, 구성원 간의 보이지 않는 벽은 리더로부터 출발하기 때문이다.

다섯째는 통찰력 Insight 이다. 리더에게 있어 통찰력은 필수 요건이라 해도 과언이 아니다. 종합적으로 판단하고 과단성 있게 의사결정을 하기 위해서는 통찰력이 필요하다. 현안에 직면했는데 리더가 장님 코끼리 만지듯이 단편적 판단력을 보이고 있다면 참으로 안타까운 노릇이다. 리더는 단편적 현상을 맥락과 결합하여 종합적인 사고와 판단을 할 수 있어야 한다. 신이 되라는 얘기가 아니다. 종합적 사고와 경험을 통해 쌓아온 통찰력을 발휘해야 한다는 얘기다. 통찰력을 키우는 데 필요한 것이 사물과 이치를 통섭하는 역량이다. 독서를 통한 간접 경험이나 업무와 관련된 정보를 평소에 고루 습득하여 일의 맥락을 파악하고 있는 것이 도움이 된다. 통찰력을 통해 확신이 있으면 과단성 있는 의사결정을 할 수 있다.

여섯째는 비전역량이다. 리더는 조직과 사람을 미래로 이끄는 역할을 담당하고 있다. 이를 위해 구성원들이 미래에 대한 꿈을 꾸게 만들어야 한다. 비전을 통해 방향을 제시하고, 이를 바탕으로 현실의 벽을 넘어서도록 해야 한다. 설혹 여건이 조금 어렵고, 힘이 들어도 비전만 있으면 견뎌낼 수도 있다. 우리는 늘 그렇게 믿고 살고 있지 않은가?

리더의 역할과 팀

리더는 꿈꾸는 사람이고, 리더의 꿈이 구성원 모두의 꿈이 되도록 하는 것이 중요하다. 리더의 조직운영 특성과 구성원에 대한 관점을 분석해 보면 리더십 발휘 유형을 정의할 수 있는데, 일반적으로 리더의 행동 특성에 따라 관계 지향형, 과업 지향형, 권한위임형, 통제 지향형 등 다양한 유형으로 나뉜다. 관계 지향형 리더는 구성원과의 인간적 관계를 중요시하고 활발한 소통을 통해 조직을 이끌어 간다. 조직의 성과창출에 있어서 구성원에 대한 배려가 깊다. 과업 지향형 리더는 조직을 목표 및 과업 지향으로 이끌고, 일에 대한 몰입도가 대단히 높다. 권한위임형 리더는 구성원의 자율성을 중시한다. 더불어 구성원이 스스로 판단하고 실행하는 자율을 권장한다. 통제 지향형 리더는 조직의 위계와 질서, 절차를 중요시하고, 의사결정에 있어 역할과 책임에 대한 구분이 특히 명확하다. 이외에도 관점에 따라 다양한 리더십이 일상에 존재한다. 리더십 스타일은 리더의 수만큼 다양하다고 해도 과언이 아니다.

조직에서 리더는 조직운영상 의사결정권을 가진 사람이다. 때문에, 구성원은 누구든 그 결정권의 영향력 아래에 있다고 할 수 있다. 조직 내에서는 여러 가지 형태의 의사결정이 하루에도 수십 번씩 이루어진다. 사람관점, 재무관점, 기술관점, 생산 및 자원의 공급과 물류관점, 마케팅관점 등. 그러나 이 모든 핵심적 의사결정은 사람에 의해 논의가 이뤄지고 실행된다. 때문에, 일정 수준 권한을 위임받은 현장 리더의 역할 또한 대단히 중요하다. 그들은 최고경영자의 전략적 의사결정과 실행을 대신하고, 조직의 핵심역량을 주도하고, 변화를 촉진 및 관리하는 역할을 담당한다. 과연 리더가 그러한 역할과 책임에 충분한 수준의 자질을 갖추고 이바지를 하고 있는지 되돌아보아야 한다.

먼저, 전략선도자의 역할이 요구된다. 전략이란 조직의 목표를 가장 효과적으로 달성하기 위한 경영활동을 말한다. 그 범위와 종류에서 일상적인 경영활동과 구분되거나 겹치는 부분도 있으나, 전략은 조직의 일상 활동을 넘어 보다 적극적이고 도전적인 경영활동이다. 이러한 전략을 수립하고 실행을 하는 데 있어 중요한 의사결정과 실행을 담당하는 것이 바로 현장 리더의 역할이다. 그 때문에 팀의 효과적인 실행을 위해 전략의 수립단계에서부터 참여하고 실행 및 결과의 확인까지도 함께해야 한다.

다음은 핵심역량 주도자의 역할이다. 성공적인 조직은 차별화된 핵심역량이 명확하고, 이를 바탕으로 탁월한 경쟁력을 창출하는 조직을 말한다. 바로 이 핵심역량을 발굴하고, 발전시키고, 내재화하여 지속 가능한 경영을 실현하는 것이 리더에게 요구되는 또 하나의 핵심적인 역할이다. 현장에서 리더의 역할이 조직 내에서 잘 정의되고 그 미션이 명확하고, 조직운영전략과 인적역량, 조직 내에서의 역할 인식 측면에서 잘 자리 잡고 있는지 확인해 볼 필요가 있다.

마지막으로 변화관리자의 역할이다. 조직의 변화관리자는 조직과 사람, 조직문화 등의 변화를 촉진하고, 그 변화수준을 확인하며, 목표 수준까지의 변화를 촉진하는 역할을 담당한다. 조직은 살아 있는 생명체와 같아서 리더에 의해 변화가 관리되지 않으면 정체되거나 퇴보되고 결국은 환경의 변화를 극복하지 못하게 된다. 변화관리가 조직의 성패를 좌우한다고 해도 과언이 아니다.

안타깝게도 일부에서는 조직의 리더십 전략 부재와 역량의 한계 등으로 인해 전략과 변화주도 역량의 한계, 핵심역량 수행기능 제약 등의 제한적 모습을 보이기도 한다. 이는 조직 리더의 역할과 책임R&R, Role & Responsibility 의 문제에서 비롯되는 경우가 많다. 이것을 극복하고자 하는 의지와 노력이 우리에게 필요하다고 하겠다. 리더에게 요구되는 역할을 성공적으로 수행하기 위해서는 그에 맞는 실천 전략이 필요하다. 더불어 리더는 경영철학의 수호자이자 실행자, 메시지 전파자로서 경영활동의 핵심적인 축을 담당하고 있음을 인식하는 것이 필요하다. 따라서, 고성과 조직을 구축하고, 리더를 중심으로 하는 강력한 실행력을 갖춤으로써 조직이 경영환경 변화에서 위험에 직면하게 되는 티핑포인트Tippingpoint 즉, 전환점의 경계를 넘지 않도록 늘 긴장하고 이를 관리해야 한다. 또한, 구성원의 일체감과 조직문화, 의사결정의 근간이자 판단 기준이 되는 핵심가치Value 주도 및 실천 촉진자의 역할을 성공적으로 수행해야 한다.

결국은 사람이다. 경영활동의 핵심은 사람에 대한 관점에서부터 출발한다. 우리가 익히 알고 있듯이 인적자원은 자본, 기술, 지식, 서비스 등과 함께 경영의 핵심적인 요소이고, 자본, 기술, 지식, 서비스 등 또한 인적자원의 효율적 운영을 기반으로 한다. 이 때문에 경영의 핵심 경쟁력은 사람이라고 할 수 있다.

따라서, 사업의 추진 단계와 조직환경에 따른 인적자원에 대한 리더의 의사결정은 대단히 중요한 일이고, 이는 조직의 미래를 대비하고, 경영의 효율성을 유지하는 측면에서 핵심 경영활동이자 중점 전략으로 자리 잡아야 한다. 더불어, 리더에게는 인적자원에 대한 관점의 균형감도 필요하다. 자산의 관점, 비용의 관점, 투자의 관점, 경영의 연속성과 안정성 확보의 관점, 임금 안정성과 인건비 경쟁력의 관점 등 여러 관점이 경영활동에서 존재한다. 이 중 어느 것 하나도 가벼이 할 수 없다. 이 모두를 완벽히 균형감을 갖춘 전인적 리더도 존재하기 어렵지만, 이러한 관점 중 어느 하나를 소홀히 하고서도 경영을 성공적으로 수행했다고 할 수 있는 리더도 없을 것이다.

우리는 주변에서 많은 조직의 성공과 실패를 확인할 수 있다. 90년대 중후반 금융위기를 넘어서며 직장과 직업, 고용에 대해 변화된 구성원들의 가치관이 2000년대 들어서는 노동과 삶의 균형WLB, Work & Life Balance에 대한 차원으로 변화하고 있고, 고용환경 측면에서도 고용의 유연성과 경직성에 대해 지속적인 문제 제기가 되고 있다. 이제 리더는 경영과 전략을 실행하는 주체이다. 팀이 나아가야 할 방향을 잡고 구성원이 해야 할 일에 대한 어젠다Agenda를 주도하는 능력을 과단성 있게 보여주어야 한다. 그래야 효과성 높은 팀을 이끌 수 있다.

⌐ Self Check Point

□ 리더의 조건을 갖추고 있는가?

□ 리더의 역할을 인식하고 있는가?

□ 팀과 구성원을 바라보는 관점이 정립되어 있는가?

오직 전략과
성과로 말한다

TEAM   LEADING

   리더가 팀을 성과 지향적으로 운영하는 방법은 리더의 수만큼 다양하고, 조직환경의 변화에 따라 그 시대적 요구도 많이 변해왔다. 이는 리더의 전문성에 대한 정의가 조직의 전략에 따라 지속적으로 달라지고 있다는 것을 뜻하며, 리더가 그간 조직의 운영관리자에서 전략가이자 혁신가로 변화해야 함을 뜻한다. 따라서, 경영의 요구 변화에 따른 리더의 역할 변화에 어떻게 부응할 것인지를 앞으로는 고민해야 한다. 가장 큰 변화 중 하나로 과거 HR 영역의 상당 부분이 팀 리더의 몫이 되는 것이다. 이제는 리더가 자신에게 부여된 책임의 범위에서 팀의 인적자원운영에 관한 의사결정을 스스로 수행해야 한다. 이것은 과거 HR이 현장 단위 팀의 세세한 인사 이슈들을 챙기던 때와는 다른 요구이며, 이는 사업 환경의 불확실성이 커지고, 속도도 예측할 수 없을 정도로 빠르게 변하고 있는 현실에서 정책과 운영, 자원이 적시성과 유연성을 확보하지 않으면 변화를 따라갈 수 없기 때문이다. 전투에 필요한 자원이 제때 전투의 현장에 있어야 한다는 것과 같은 맥락이다. 리더가 변화하지 않으면, 전투도 지고 전쟁도 지는 경우나, 전투는 이겨도 전쟁에는 패하게 되는 일이 벌어질 수도 있다. 이해를 돕기 위해 좀 더 구체적으로 들어가 보면, 이제까지는 HR 부서가 인력에 대한 계획을 세우고, 투입 시기를 결정하고, 개개인에 대한 평가 가이드를 제도화하여 제공하고, 그에 대한 보상의 결정 가이드를 제시해 왔다. 그리고 일선 팀의 리더는 제시된 범주 안에서 제도가 이러하니 이런 결정을 할 수밖에 없다는 식의 논리로 소극적으로 제도와 인적자원운영에 대한 역할만을 담당해 왔다. 그러다 보니 늘 일을 위한 책임과 권한이 반쪽이었고, 경영도 팀 단위의 특성이나 환경의 변화에 따른 유연성과 기민성을 충분히 반영하지 못했다. 개인적으로는 우리의 팀 리더들이 참으로 어려운 상황에서도 정말 역할을 잘 수행해 왔구나, 하는 생각도 든다. 이런 상황에서 HR 부서는 가끔 팀의 리더들에게 '갑'의 역할을 해온 것도 부인할 수 없는 사실이다. 물론 지금까지의 방식도 장점이 있었고, 경영자원이 한정된 우리 조직의 환경에서 일정 부분은 효율성과 부문 간 균형 있는 정책의 구사, 자원의 통합적 운영을 통한 효율성 추구에 도움은 되었다. 그러나 앞으로도 계속 유지가 가능할 것인가에 대한 부분에서는 많은 의문이 생길 수밖에 없다.

그 이유는 첫째, 새로운 기술과 경쟁의 변화로 앞으로는 정형화된 패턴과 예측 가능성이 현저히 떨어진다는 것이다. 그간의 경쟁이 대부분

동종의 기술과 산업 내에서 1차원적으로 존재해 왔다면 앞으로의 경쟁은 전혀 다른 영역에서 다차원적으로 존재하고 출현할 수 있기 때문이다. 그간 해오던 방법이 생존을 보장할 수 있고, 앞으로도 도움이 된다면 그렇게 계속하면 된다. 그러나 이에 대한 판단을 누구도 확신하지 못할 정도로 가변성이 높아지고 있다고 생각한다면 팀의 리더부터 변해야 한다.

둘째, 더 이상은 조직운영에서 권한의 중앙 집중화로 기대할 수 있는 효익이 크지 않다는 것이다. 혁신적 변화와 발상의 전환이 없이는 경쟁의 속도에서 뒤처지고 만다. 그냥 앞만 보고 달리는 경우에도 순간 뒤처지면 따라잡기 힘든데, 하물며 전략을 실행하는 리더가 속도에 뒤처지면 그것은 전체 팀과 구성원이 머무는 것이 아니라 뒤처지는 것이다. 그래서 현장에서 뛰면서 의사결정을 할 수 있게 해줘야 한다.

셋째, 경영관리 담당자에게도 보다 전문적인 영역에서 핵심역량의 변화를 요구하고 있기 때문이다. 예를 들어 혁신 전문가, 보상 전문가, 리더십 개발 전문가, 소통 전문가, 코칭 전문가, 조직문화 전문가, 핵심역량 육성 전문가 등이다. 그리고 이를 통해 팀의 리더들을 체계적으로 지원하고 코칭을 해야 한다. 이것이 바로 현장을 리딩하고, 전문적으로 지원하는 전략적 경영관리의 새로운 역할이다. 따라서 앞으로의 팀 리더는 인적자원의 종합적인 정책 지원을 바탕으로 자원의 배분 의사결정과 실행, 조직운영 리더십에 대한 전문성, 그리고 더욱 전문적 영역에서의 성과관리와 평가, 보상, 구성원 코칭 영역 등을 감당해야 한다.

이와 같은 변화된 역할을 성공적으로 감당해 내기 위해 팀의 리더는 새로운 역할과 책임을 인식하고, 전문성 확보를 위한 변신의 노력을 서두름으로써 먼저 변화를 이끌 수 있어야 한다. 변화에 대한 인식이 정체된 리더는 조직의 변화를 이끌 수 없고, 생존을 위한 새로운 성장을 준비해야만 하는 현실에서 팀 리더의 전통적 역할과 가치만을 고수하고 그곳에 머무르기를 고집한다면 그 조직에는 미래가 없다. 모두가 생존을 위해 발버둥 치는데 자신만이 과거에 머무를 수는 없는 일이다. 팀의 생존을 위해 변해야 하고, 팀의 새로운 가치를 창출하는 데 결정적으로 기여해야만 한다. 이미 여러 영역에서 변화된 새로운 리더의 모습들이 나타나고 있고, 이러한 요구들은 기본적으로 팀과 구성원의 변화된 관계 설정에서부터 출발한다. 또한, 전문성의 심화 영역과 효율화 관점에서도 새로운 역할과 책임을 요구하고 있다. 더불어 리더뿐만 아니라 모든 조직이 변화된 조직환경에 맞춰 핵심역량을 재정의하고 전열을 재정비하고 있다. 이러한 변화의 움직임을 리더가 주시 및 주도해야 하고, 선도적인 변화의 모습을 리더부터 보여야 한다.

리더가 조직 전략의 실행자 역할을 보다 강화하고 핵심 경쟁력의 확보 및 유지에 필요한 역할을 제대로 감당하기 위해서는 스스로가 핵심역량에 집중하고, 일상 운영 및 지원, 서비스 활동들은 과감하게 또 다른 전문영역으로 이동을 시킬 필요가 있다. 아울러, 권한 측면에서도 과감한 위임과 각종 제도와 의사결정 구조의 간소화 등은 물론 팀의 조직문화 측면에서도 자율중시 분위기를 적극적으로 조성하고, 보장할 필요가 있다. 이를 굳이 전문용어로 표현하자면 '현장완결형 의사결정 구조'의 정착이라고 할 수 있겠다. 이와 같이 각종 일상 업무들이 간소화되고 나면 여력의 자원과 역량이 창출된다. 이 역량을 새로운 가치창출 영역으로 전환, 이동시켜야 한다. 보다 전략적이고 전문화된 리더의 새로운 역할을 여기에서 찾아야 한다. 기본적으로 평가권은 팀 리더의 권한이 된 지 오래다. 팀의 리더는 평가 및 코칭, 부서원 육성역량 강화와 리더십 개발, 체계적 성과창출 촉진 활동에 초점을 맞추고, 이를 체계적으로 추진할 수 있는 기능과 Tool, 제도적 기반을 정비하고 활성화해야 한다. 그래야 업무 효율성과 더불어 부가가치의 효익도 함께 추구할 수 있을 것이다. 또한, 리더의 미래를 위해 역할과 책임R&R의 정비와 더불어 반드시 필요한 것이 권한의 분산 및 위임이다. 이를 위해 제도의 운영 유연성을 넓히고, 경직된 평가나 보상 운영에서 벗어나 업무특성과 조직환경을 반영할 수 있도록 유연하게 리모델링Remodeling할 필요가 있다. 팀의 변화를 선도해야 하는 리더가 과거에 머무르면 되겠는가?

이러한 변화를 선도하기 위해 팀의 리더는 무엇을 해야 할까? 우선적으로 사업과 조직환경에 대한 이해를 넓혀야 한다. 세상의 정보가 실시간으로 유통되고 인공지능에 의해 판단 및 재구조화가 촉진되는 상황에서 정보 기득권이나 독점권이란 이제 의미가 없다. 리더가 기술을 알고, 경영관리를 알고, 마케팅을 알고, 제조를 실시간으로 알고 있어야 한다. 이마저도 시간과 공간의 제약이 없어야 한다. 전문성의 범위를 확장하고 충분한 경험과 지식을 쌓아야 한다. 현장을 모르면서 현장을 코칭을 할 수 없기 때문이다. 아울러, 비즈니스 커뮤니케이션 역량의 확보가 필요하다. 여기에는 소통과 코칭, 진단과 대책의 영역이 모두 포함된다. 과거처럼 소통이 일방향 전달자나 단순 중계자의 시기는 지났다. 구성원과 눈과 마음을 맞추고, 진정성을 전달해야 한다. 즉 진정성 있는 고민을 함께 담은 전략과 전문지식이 제공될 수 있어야 하고, 각자의 현안에 대한 솔루션 역량과 코칭 스킬을 보유하고 있어야 한다. 이러한 전문가들의 집단이 미래의 팀이고, 이에 가장 핵심적으로 기여 하는 주체가 바로 팀의 리더이다.

팀 전략 수립 절차와 실행관리

인간의 삶에서 전략이라는 단어가 시작된 것은 꽤 오랜 역사가 있을 것이다. 아마도 그것은 인간이 집단을 이루어 살기 시작하고, 본능에서 벗어나 자기 통제를 시작한 시점일 것이다. 우리는 전략을 얘기할 때 실패한 전략과 성공한 전략으로 구분한다. 판단의 근거는 결과이다. 아무리 잘 만들어진 전략도 결과가 나쁘면 실패한 전략이고, 결과가 만족스러우면 성공한 전략이 된다. 전략을 수립하기 위해서는 달성하고자 하는 목표가 무엇이고, 현재의 위치는 어디인지에 대한 우선적인 확인이 필요하다. 다음으로 목표까지의 격차와 환경을 살핀다. 그리고 그 차이를 어떻게 극복할 것인지에 대한 고민을 한다. 우리가 목표를 얘기할 때는 일반적으로 그것이 하나의 속성만을 얘기하는 것이 아니다. 최일선의 현장에서는 일상적인 달성수준의 목표Goal, 도전적인 목표Challenge Goal, 극한의 목표Stretch Goal 등 여러 가지로 목표의 크기와 난이도에 따라 구분하기도 한다. 극한의 목표에 대해 부연 설명 하자면 스트레치 골Stretch Goal은 말 그대로 온 힘을 다해 손을 쭉 뻗어야만 겨우 도달할 수 있을 정도로 절박한 상황에서의 극한의 한계 수준 목표를 말한다. 보통은 목표의 수준이 높을수록 달성수준도 비례하는 경우가 일반적이다.

우리가 여기서 고민하고자 하는 것은 리더가 조직이나 사람과 관련된 전략을 어떻게 수립하고, 어떤 제약요인들을 고민해야 하며, 어디서부터 접근하는 것이 효율적인가 하는 것이다. 많은 이들이 인적자원에 대해 고민하면서 그 근저에 사람을 두지 않고 그저 자원과 비용의 관점에서만 접근하는 실수를 범하곤 한다. 그러나 사람에 대한 전략의 시작은 사람에 대한 관점을 근저에 두어야 한다. 그래야 실패 확률을 줄일 수 있다. 조직 내에서 인적자원에 대한 전략은 필요에 따라 여러 분야가 있지만 대표적인 것이 조직의 핵심 경쟁력 강화, 조직문화 혁신, 우수 인적자원의 확보 및 육성, 인력과 인건비 경쟁력 혁신 등이 대표적이다. 이상의 대표적인 전략들을 수립하고 실행 및 관리하기 위해 조직 내에서는 각각의 중장기 달성 전략과 연동계획Rolling Plan에 기초하여 목표와 달성 전략 그리고 추진과제를 점검하고, 핵심성과지표KPI, Key Performance Index를 관리함으로써 진척상황과 달성도를 확인한다. 이 중 KPI는 최상위 목표와 하부 실천과제들을 정렬시켜 주는 역할을 함으로써 목표와 과제의 일치 여부를 확인할 수 있는데, 이를 달리 표현하면 팀의 목표 및 전략과의 연동성이라고도 할 수 있다. 이 KPI는 조직과 개인의 성과를 체계적으로 관리하는 데 중요하게 활용되고 있고, 여러 가지 방법론 중에 대표적인 것이 각각의 경영요소들을 고루 반영하는 균형성과표BSC, Balanced Score Card 방법론이다. 이 BSC는 핵심성과지표KPI를 재무관점, 고객관점, 내부프로세스 관점 그리고 학습과 성장의 관점에서 균형 있게 설정하는 것을 말한다.

팀 전략을 수립하기 위해서는 가장 먼저 관련 분야의 큰 흐름을 참고하여 현재의 위치와 현안을 확인하고, 다음으로 전략의 범위와 분야를 특정한 후, 직면한 조직환경에 대한 상세 분석을 해야 한다. 특히, 현안과 현황에 대한 분석 그리고 데이터와 통계에 기반을 두어 전략을 검토하여야 한다. 이후, 팀 전략에 따른 각각의 과제를 도출하고, 과제별 KPI를 정의하여 연계성을 체계화한 후, 이에 대한 도전적인 목표를 수립하여야 한다. 마지막으로 상세한 실행 일정계획을 수립하여 진척상황을 리더가 눈에 보이는 관리를 할 수 있어야 한다.

잘 수립된 전략이 성과로 연결되기 위해서는 무엇보다 실행관리가 중요하다. 통상은 주, 월, 반기, 년 단위의 목표 및 진척관리 협의체가 운영되고, 실행은 각 구성원의 자율관리방식에 맡겨지는 경우가 많다. 그러나 이 경우에도 팀의 목표와 성과와 반드시 연동시킴으로써 실행력을 효과적으로 관리할 수 있어야 한다. 팀 전략의 실행은 무엇보다도 연속성의 확보가 중요하다. 매년 유사한 목표를 수립하지만 한 발짝도 앞으로 나아가지 못하는 경우도 허다하다. 특히나 사람과 관련한 일들은 더욱더 그러하다. 그러나 효과성이 높은 팀은 목표를 지속해서 개발 및 향상함으로써 조직성과의 극대화를 꾀하고 있다. 실패하는 조직은 대부분 KPI 간의 연계성이 부족하거나, KPI 속성의 작위적 조작을 통해 마치 목표를 달성한 것 같은 착시가 나타나기도 한다. 의도적으로 실패를 유도하는 경우는 없겠지만 관리의 편의 추구가 종국에는 조직의 실패를 가져올 수도 있다.

다음으로 전략의 실행단위를 잘 결정해야 한다. 조직력을 한데 모아야 할 때는 집중화해야 하고, 유관부문과의 협업이 필요한 경우에는 더욱 큰 목표의 달성을 위해 조직 간의 경계를 넘어 자원 활용의 유연성을 높일 수 있어야 한다. 이러한 자원의 배분이나 실행단위의 결정은 오로지 리더의 몫이다.

전략과 목표가 구체화되고, 이에 대한 과제들이 명확해지면 다음으로 할 일이 구성원과의 공유 및 자원을 효과적으로 배분하는 일이다. 흔히 접하는 사례가 전략은 발표로 끝나고, 실행은 각자의 몫으로 던져진 후, 오랜 시간 책상 서랍 속에 방치되는 경우가 있다. 한 번의 실수는 몰라서 그럴 수도 있지만 반복되는 것은 리더의 자질과 역량의 문제다. 최고경영자는 매년 평가 시기가 되면 각 조직이 효과적으로 목표를 달성하고 있는지도 확인해야 한다. 이를 통해 조직의 실행력을 확보하는 것이 최고경영자의 역할이고 책임이다. 통상적으로 전략의 실행 과정을 점검하는 방법은 중장기 연동계획Rolling Plan이나 점검 회의체 및 KPI 모니터링 대시보드Dash Board 운영, CEO 및 Top Level의 원페이저One Pager 운영 등이 있다. 방법의 선택은 CEO와 조직 KPI 관리부문의 역할이기도 하지만 팀의 리더 또한 조직성과 측정관점에서 함께 협업하고 고민을 함께해야 한다. 이러한 여러 가지 고려 사항과 실행력의 뒷받침이 필요한 것이 전략이기 때문에 흔히들 전략이 어렵다는 선입견을 갖는 경우가 있다. 서두에서도 말했지만, 인간이 본능과 행동을 통제하고, 집단의 생존 방법을 선택하기 시작할 때부터 전략은 자연스럽게 우리의 일상에 스며들어 와 있었다. 우리는 조직생활을 함에 있어 이미 수없이 많은 결정의 순간, 판단의 상황과 마주하고 있다. 매 순간마다 우리가 내리는 결정과 행동들이 바로 전략의 일부분이다. 그 정도로 일상화되어 있는 것이다. 그러한 것들을 한곳에 모아 우선순위를 택하는 것이 종합적인 전략의 체계이고, 달성의 진척도와 과정을 관리하고 판단하는 것이 KPI 즉, 핵심성과지표와 대시보드Dash Board 관리기법이다. 때로는 전략이 없이 직면한 현안 중심 또는 일상화된 운영 중심으로 조직을 이끌어 갈 수도 있다. 그때그때 최선의 선택으로 잘 대응하면 된다는 논리를 중시하는 것이다. 물론, 단기관점의 행동주의가 잘못되었다는 얘기는 결코 아니다. 단지 이러한 방식만으로는 충분하지 않다는 것이고, 성과에 있어 가장 중요한 한 가지를 선택한다면 그것은 오로지 목표 달성에 효과적인가 그렇지 못한가의 차이만 있을 뿐이다. 따라서 이것들을 체계화하여 효율적으로 일하도록 하는 것이 팀의 전략이고 본질이다. 조직의 일상에서 우리의 현실은 이처럼 흑묘백묘론黑猫白猫論에 가깝다. 일을 하면 어떤 상황에서도 목표를 달성해야 하고, 또 당연히 효과적으로 해야 하지 않겠는가? 조직은 오로지 성과로만 얘기하는 것이 현실이고, 조직과 개인의 경쟁력 그리고 생존과 결부된 것이 일을 하는 전략이기 때문이다. 리더가 팀의 전략과 변화를 중추적으로 견인한다는 사실에는 누구도 이견이 없다. 다만 의도하고 기대하는 만큼의 성과창출에 대해서는 리더가 발휘하는 역량의 수준에 따라 판단은 달라진다고 생각한다. CEO의 조직운영 철학을 공유하고 이를 적극적으로 구현해 낼 수 있는 역량을 보유하고 있다면 경영 의사결정에서 중추적인 역할을 담당할 것이고, 그렇지 못하다면 역할의 한계를 스스로 느끼게 될 것이다. 조직은 이처럼 냉혹한 의사결정을 통해 성장하기 때문이다.

리더십과 성과관리

일반적인 성과 곡선Performance Curve은 일의 초기에는 높다가 문제에 부딪히면서 낮아지고, 이후 해결 방안을 찾아내 다시 높아지는 모습을 보인다. 또한, 경험이 쌓일수록 성과도 높게 나타난다. 그런데 평소 일 잘하고, 다른 부서원들과도 원만하게 소통하고, 창의적 아이디어도 많던 부서원이 어느 날부터인가 열정이 시들하다. 회의 시간에는 의견 개진도 별로 없고, 일에 대한 보고도 수동적이다. 생각해 보니 벌써 수년째 그런 모습을 보이고 있었다. 무엇 때문일까? 우리는 조직의 일상에서 고성과 인재가 보통 성과의 인재가 되고, 보통 성과의 인재가 저성과 인력으로 퇴보해 가는 모습을 주변에서 자주 본다.

사실 우수 인재와 보통 성과의 인재 사이에는 현격한 차이라는 것은 없다. 지금의 모습에 이르게 된 상황에서도 특별히 주목해야 할 내용도 별로 없었다. 그럼에도 불구하고 대부분의 인재가 생애곡선을 타듯이 성과 곡선을 그리며 변해간다. 문제는 환경에 있었다. 환경이라는 것은 그 영향력하에서 존재하는 객체의 생애와 상태를 변하게 만든다. 느리게 걷는 사람을 빨리 뛰게 하고, 빨리 뛰던 사람을 느리게도 만든다.

리더는 역할에 따라 이러한 구성원의 변화를 환경에 적응시키거나 환경으로부터 격리시키는 몇 가지 결정과 조치를 취해야 한다. 그런데 리더가 구성원의 성과 곡선을 이해하고 관리하는 경우가 거의 없다. 당장 눈앞에서 보여지고 판단되는 성과만 따라가기 바쁘다. 장기적 관점에서의 성과 곡선을 관리하는 노력이 부족하다는 얘기다. 모든 구성원이 어떤 상황에서도 늘 최선의 결과를 만들어 내기란 결코 쉬운 일이 아니다. 모든 구성원이 성과 어벤져스는 아니기 때문이다. 그럼에도 고성과 인재에 대한 단편적이고 단기적 시각이 일상이 되어있다.

정말로 팀의 리더가 장기관점의 성과관리를 소홀히 하고 있었던 것일까? 어떤 리더도 성과가 장기냐 단기냐에 따라 관리 비중을 조절하는 경우는 거의 없을 것이다. 여기에는 리더십의 모순Paradox이 여러 요인 중 하나로 존재한다. 리더에게는 조직성과창출을 통한 자신의 성장도 중요하고, 현재의 자리를 지켜내는 것도 중요하다. 이러한 상황은 성과주의에 의한 과도한 성과 압박 상황에서 주로 나타난다. 하버드대학의 하워드 가드너 교수Howard Gardner, 심리학자의 연구에 따르면 성과 압박의 수준이 높을수록 팀원들은 자신의 전문지식을 적극적으로 활용하는 성과 촉진보다는 일반적이고, 보편적이며, 안정 지향적인 선택을 하는 경향이 높아진다고 한다. 이는 리스크를 안고 가는 것을 성과시스템하에서 점차 회피하게 되는 경향이 나타난다는 얘기다.

구성원의 성과 지향성, 성과에 대한 압박 상황, 이에 대한 리더의 역량이 여러 측면에서 구성원의 성과 곡선에 종합적으로 작용한다. 이러한 상황은 일선 부서 단위에서 해결하기에는 결코 쉽지 않은 상황이 될 수도 있다. 조직 내에서 적극적으로 해결 방안을 찾자니 내부역량에 한계가 있고, 그렇다고 외부자원을 활용하자니 곧 리더십의 이슈로 평가될 가능성이 높아진다. 이러한 고민이 있을 때 성과관리부서가 전문적인 코칭 역량을 발휘해야 한다. 그러나 조직의 역량도 문제를 해결할 수준이 못 되는 경우가 많고, 내부 최적화에 치중하여 종합적인 관점과 이해관계자 모두가 수긍할 수 있는 전문적인 솔루션을 제시하지 못할 수도 있다. 그런데 고성과 인재의 경우 조직일체감을 대단히 높게 보유하고 있는 특징이 있다. 때문에, 성장 한계에 직면하면 반대로 조직에 대한 회의감이 급속하게 나타난다. 급격한 상황의 반전이 발생하는 것이다. 이러한 상황에서 출구를 찾기 위해 이직이나 직무 변경 등 대안을 탐색하는 모습도 즉각적으로 나타난다. 그러다가 어떤 것도 대안이 될 수 없다고 판단하면 구성원은 업무 의욕을 잃게 되고, 조직은 고성과 인재를 잃게 된다.

이제 어떻게 해야 할까? 첫째, 고성과 인재의 경력개발 경로를 검토한 후 장기관점에서 성장의 흐름을 짚어보고 이를 관리해 나가야 한다. 빠르게 잘 성장해 온 인재가 빠르게 성장의 벽에 직면하게 되는 경우가 많기 때문이다. 높은 성과 지향성도 일정 수준에 이르면 도전보다는 안정 지향적으로 바뀌고, 주변 상황에 맞추어 흘러가는 수동적이고 방어적인 상황을 택하게 된다. 승진의 기회가 도전의 기회를 일시적이지만 가로막고 있는 상황도 있다. 장기적 성장 경로 관점에서 성과의 역설을 극복해야 하는 것이다. 또한, 이 경우에는 조직의 요구수준과 개인의 기대수준이 합치되도록 관리하는 것이 필요하다. 구성원에게 부여된 직무의 난이도나 목표의 성취 가능성 등을 종합적으로 판단하여 높은 성과 수준을 지속적으로 유지하도록 하고, 도전적인 목표도 적극적이고 시의적절하게 부여해야 한다.

둘째, 고성과 인재의 리더십 또는 전문가로의 승계체계를 관리해야 한다. 성장 경로도 다양화해야 하고, 그에 맞는 보상체계도 구축해야 한다. 한 사람의 인재가 성장하며 조직에 기여해 온 과정과 그간의 성과를 되돌아보면 결코 우수 인재를 얻기가 쉽지 않음을 알 수 있다. 수많은 경쟁을 거치며 단련되고, 수없이 많은 상황 속에서 역량을 키워온 소중한 자산을 보유하고 있다. 이러한 인재를 조직 내부에 유지시키는 활동이 바로 승계체계 구축 및 성장 경로 다양화이다. 승계체계는 비전을 제시하고 필요한 자격을 준비하는 것이다. 리더와 구성원 간의 관계도 보다 명확히 해주게 되고, 미래를 위해 무엇을 준비해야 하는지, 어떠한 과정을 거쳐야 하는지, 정확하게 요구수준이 무엇인지도 정의되어 있어야 한다. 이를 통해 해당 구성원의 준비 상태를 알 수 있고, 리더십에 대한 요구수준도 계속해서 확인해 갈 수 있다. 사람은 언젠가 떠나도 조직과 직무는 남기 때문에 이러한 프로세스가 팀 내에 반드시 활성화되어 있어야 한다.

셋째, 다양한 성장 경로에 맞는 보상체계를 구축해야 한다. 일반적인 안정성에 기반한 보상의 틀은 보편성을 가지고 실행하면 된다. 그러나 특화되고 준비된 인재에 대한 보상은 반드시 보편성의 틀에 가둘 필요는 없고, 또 그래서도 안 된다. 시장가치 경쟁력을 충성심만으로 붙잡아 둘 수는 없기 때문이다. 조직 내에서의 경쟁력이 곧 시장에서의 경쟁력이 되어야 한다. 분명히 인식해야 할 점은 지금은 과거처럼 평생 직장도 아니고 평생 직업도 아니다는 것이다. 우리 앞에는 예측할 수 없는 다양한 길이 열리고 있고, 새로운 산업과 직무가 생성되고 있다. 전통적 업의 개념도 변하고 있다. 그런데도 보상은 전통적이고 보편화된 방식만을 따르고 있다면 이 또한 장애가 될 수 있다. 전문성에 기반한 성장 경로를 만들고 전문성의 시장가치를 고려한 보상체계로 지속적으로 발전시켜 가야 한다. 변화와 생산적 파괴만이 팀과 구성원의 희망적 미래를 지켜준다.

종합해 보면, 조직의 성장 기회와 비전에 대한 공감대 형성이 전제되어야 한다. 앞서 성장 경로는 개인의 분야에서 리더십을 갖출 수 있도록 지원하는 것이다. 여기서 얘기하는 기회와 비전의 공감대는 내가 속한 조직의 성장과 비전을 말한다. 조직의 성장 가능성과 개인의 연결은 그 어떤 장애와 이슈도 극복할 수 있는 꽤 가치 있는 상황을 만들어 준다. 현실의 벽에서 대안을 찾고 있다면, 조직의 성장 가능성은 구성원의 성과 동기를 강화 및 유지시킬 수 있는 충분한 동인이 될 수 있다. 앞서 얘기한 이 모든 상황과 문제들은 조직의 성장을 멈춘 상황 즉, 고도 성장기를 지나 성숙기에서 빈번하게 나타난다. 개개인의 성과도 제한적이고, 키우는 것보다 지키는 것이 중요해지는 시기이다. 성장 재개를 위해서는 이러한 구조를 발전적으로 흔들어서 조직 구성원의 몰입도를 높여야 한다. 혁신적 리더십과 구성원의 도전 의지가 새로워져야하는 이유이다. 멈추면 오늘은 지키지만 미래가 없고, 움직이면 위험은 증가되지만 기회가 만들어지고 미래가 있다.

당신은 어떤 리더인가?

리더는 조직의 목표와 달성 과정 그리고 구성원의 역량개발과 정서적 유대를 담당한다. 우리는 조직의 일상에서 늘 리더와 팀원과의 관계에서 존재해 왔다. 더불어 리더와 성과와의 관계는 이미 여러 번 언급된 바 있고, 리더십 스타일에 따른 성과 수준에 대해서도 많은 사례들이 존재한다. 또한, 그간의 조직운영 경험을 통해서 볼 때도 리더십과 성과와의 관계에서 많은 사례를 검토할 수 있었는데, 리더십은 발휘 유형에 따라 각기 다른 형태의 장단점을 가지고 있었을 뿐, 결코 옳고 그름의 문제는 아니었다.

지금 리더십에 대해 고민하는 우리도 반드시 완전체를 찾는 것만은 아닐 것이다. 다양한 관점에서 탁월한 성과를 창출해 낸 그들을 재조명해 보고 현재에 참고할 수 있는 통찰Insight을 찾는 것이다. 조직이 요구하는 리더십은 단지 어떤 면을 더 비중 있게 보는 것인가 하는 문제와 누가 더 해당 포지션이 요구하는 조건에 적합한 것인가? 하는 문제일 뿐이다. 앞서 우리는 누구나 리더가 될 자질은 갖추고 있다고 했지만 요구되는 자격에 얼마만큼의 적합도를 확보하고 있는가에 대한 것은 다양한 Tool을 통해 검증이 필요하다고 했다. 이제 우리가 속한 성과 지향의 조직에 맞추어 얘기를 나누어 보자.

일반적으로 조직에서 리더는 의사결정권자이자 정보 소통의 책임자이다. 더불어 조직의 성과로 평가받는 사람이다. 리더로 선발된 후 초기에는 대부분의 리더가 성과 지향적 리더십 특성을 보인다. 그러나, 역할을 맡은 지 2~3년의 시간이 흐르고 어느 날 보면, 이슈의 현장에 리더가 잘 보이지 않고, 어느 순간부터는 리더의 손과 발이 아닌 턱으로 일을 하고 있다. 모두가 다 그렇다는 것은 아니고 대체로 보이는 경향이 그러했다는 것이다. 초심을 잃고 자신이 가진 권한의 함정Trap에 자신도 모르게 조금씩 다가서고 있었던 것이다. 그런 리더들은 성과를 내는 방법 중 가장 편한 방법을 찾아냈고, 권한의 범위에서 그것을 향유하고 있었다. 대부분의 문제는 이때부터 발생한다. 구성원과의 불협화음이 끊이지 않고, 조직의 성과도 낮아지기 시작한다. 팀원들은 답답해하는데 리더는 문제를 찾고 해결하는 데 별로 관심이 없다.

대부분의 조직은 인재상과 리더상을 가지고 있다. 그리고 거의 매년 반복적으로 조직이 요구하는 리더십을 리더들에게 교육시키고 현 위치를 확인하는 설문조사와 면담을 실시하고 있다. 경영에서 보는 리더십은 성과를 전제로 하기 때문에, 담당하고 있는 조직이 일정 수준의 성과를 창출해 내지 못하면 늘 리더에 대한 역량을 재확인하게 된다. 또, 그럴 경우 리더의 교체를 통해 새로운 성취동기를 조직에 불어넣기도 하고, 때로는 교육 등을 통해 역량개발을 촉진하기도 한다. 경영 리더십은 스포츠 리더십과도 유사한 맥락을 가지고 있다. 승리해야만 하는 전쟁터에서 이기지 못하면 그 역할을 다 감당하지 못한 것이다. 기회는 주되 평가도 철저히 해야 한다. 그래야 조직이 지속 가능성을 확보할 수 있다.

　성과와 전략을 성공적으로 주도하는 리더는 어떤 리더일까? 조직 구성원을 목표를 향해 효과적으로 정렬Align시킬 수 있는 리더는 어떤 사람이어야 할까? 이 몇 가지 질문에서 우리는 답을 찾아야 한다.

　첫째, 우리에겐 전략 주도성이 높은 리더가 필요하다. 목표에 대한 확고한 달성 의지와 이를 위한 전략적 마인드, 그리고 추진력을 갖추고 있어야 한다. 전략은 목표를 효과적으로 달성해 내기 위한 수단이고 과정이다. 리더에게 전략적 역량이 부족하면 조직환경의 변화 흐름을 제대로 읽어낼 수가 없다. 숲이 아닌 나무를 보고 의사결정을 한다. 전략의 선택까지도 구성원에게 의존하며 조직을 이끌 수는 없는 일이다. 윗사람이 주는 대로 받아써서 팀원에게 읽어주고 전달하는 역할이라면 그 자리를 지키고 있을 이유도 없다. 스스로 전략적 마인드와 역량을 기르고, 구성원의 각 활동을 팀의 전략을 실현하는 데 집중시킬 수 있어야 한다. 그런 리더가 전략적 리더이다.

둘째, 과감한 도전과 시도, 한계를 극복하려는 부단한 노력을 앞에서 이끌 수 있는 리더가 필요하다. 전략은 전략답게, 목표 앞에서는 치열하게, 일상에서는 따뜻하게 이끌 수 있는 리더이어야 한다. 전장에서 리더가 우왕좌왕하거나 머뭇거리면 그 팀은 전멸의 위기에 빠질 수 있다. 때문에, 과단성 있는 의사결정역량이 필요하고 51:49 상황에서도 리더는 선택할 수 있어야 한다. 매사가 전투적일 필요는 없지만 적어도 매일매일의 각오는 그리해야 한다. 그래야 초심을 잃지 않고 목표를 한결같이 지향할 수 있다. 일상이 편안하면 도전을 피하게 된다. 깨어 있는 사람은 그러한 일상이 지루하다고 하는데, 익숙해진 사람은 가만히 두라고 한다. 그런 문화가 조직의 저변에 형성되지 않도록 긴장감을 유지하게 하고 도전하는 문화를 리더가 이끌어야 한다. 그러려면 리더가 먼저 불편함을 감수하고 앞에 서야 한다.

셋째, 구성원을 하나로 묶어낼 수 있는 포용력을 지닌 리더가 필요하다. 조직의 보호자로서 부서원의 실수를 대신 감당할 수 있는 애정도 가지고 있어야 한다. 리더가 먼저 헌신하고 소통에 앞장서야 한다. 그래야 팀원들이 믿고 따른다. 조직 구성원 개개인은 각자의 특색 있는 성품과 사정을 가지고 있다. 물론 조직에서는 조직의 가치가 우선하지만 개개인의 다양성과 존엄성도 또한 존중돼야 한다. 이러한 것들을 성공적으로 통합해 내는 능력이 바로 리더의 포용력이다.

마지막으로, 진정성과 열정을 갖춘 리더가 필요하다. 리더가 진정성을 배제하고 잔기교를 부리면 실무자도 따라 하기 마련이다. 그러면 전체 조직이 잔재주 부리는 조직이 된다. 그런 조직은 미래가 없다. 리더는 진정성을 바탕으로 열정과 에너지로 싸우는 싸움꾼이 되어야 한다. 그래야 구성원의 가슴에 불이 댕겨진다. 그래야 성과도 따라오고 모두가 다 함께 발전한다.

구성원이 생각하는 나는 어떤 리더인가에 대해 자주 목소리를 들어보자. 다양한 계층으로부터 열린 마음으로 듣고 자신에 대해 성찰해야 한다. 세상에 완벽한 리더는 없다. 단지 늘 반성하고 발전하는 리더만이 있을 뿐이다. 자신에 대한 평가를 겸허히 듣고, 이를 실체적 사실로 받아들이자. 리더인 당신에게 조언의 말을 꺼내는 그 사람은 참으로 많은 것을 걸고 어려운 얘기를 꺼내는 것이다. 그 사람은 당신에게 많은 것을 걸었는데 당신은 무엇을 걸 것인가? 다른 것도 아닌, 바로 당신에 대한 이야기에 대해서 말이다. 상사의 목소리는 당신이 듣고자 하지 않아도 당연히 듣게 된다. 당신이 나서서 일부러 계기를 만들 필요도 없다. 필요하면 먼저 꺼낼 것이다. 그러나 구성원의 목소리는 당신의 듣고자 하는 노력이 절대적으로 필요하다. 권한이 권력이 되어서는 안 된다. 권한의 다른 말은 책임임을 명심하자. 조직은 지속돼야만 하고 구성원은 늘 흐르는 물과 같이 유한함을 생각한다면 우리가 조금 더 겸손해질 수 있지 않을까?

리더에게 요구되는 자질 중에서 과단성 있는 결단력과 추진력은 목표와 성과 지향성 관점에서 반드시 필요한 역량이다. 성과란 조직이나 개인이 목표 의지와 행동을 통해 산출해 내는 결과물이다. 조직과 구성원은 성과를 통해 그 존재 의미와 가치를 말한다. 때로는 당초 의도했던 목표들을 달성해 내지 못하는 경우들도 있겠으나, 목표는 반드시 달성해 내는 것이 조직과 구성원의 책무이다. 리더는 구성원의 성과창출

과정에서 필요한 자원과 전략에 대한 지원을 아낌없이 해야 한다. 구성원은 조직의 자원을 활용하여 개개인의 목표를 효과적으로 달성하는 역할을 담당한다. 일반론적이고 너무나 당연한 성과를 매개로 한 조직과 구성원의 이러한 역할과 책임은 산업화의 역사를 통해 발전해 왔다. 그러나 현재의 모습은 과정일 뿐 최종 목적지는 아니다. 우리에게는 어떻게 하면 조직에서 목표를 더욱 효과적으로 달성할 수 있을 것인가에 대한 끊임없는 고민과 논쟁이 필요하다. 이 과정에서 리더가 무엇을 해야 하는지에 대해 나름의 신념과 원칙을 갖도록 노력해야 한다.

리더는 구성원의 성과를 체계적으로 관리하고, 지원함으로써 궁극적으로 조직의 목표 달성을 견인해 낸다. 이 과정에서 얼마나 효율적으로 행동하고, 효과적으로 목표를 달성하느냐 하는 것이 성과관리의 핵심이다. 리더는 성과창출과정에 직간접적으로 개입한다. 목표 달성 전략의 수립부터 실행과제의 진척도 관리, 결과의 평가 및 피드백에 이르기까지 수많은 활동을 한다. 성과관리에 필요한 효과적인 프로세스와 Tool이 많이 정의되어 있다. 그러나 모든 방법이 모든 상황에서 다 효과적인 것만은 아니다. 조직이 처해 있는 상황과 업의 특성을 잘 반영해서 적절한 방법론을 선택해야 한다. 이것이 우선적으로 리더가 갖추어야 할 역량이다. 일반적으로 성과관리방법론은 목표의 속성과 전개를 두고 판단한다. 조직단위의 상위에서 갖는 목표는 보통 구성원 개개인의 세부 목표로 세분화되어 하위차원으로 전개된다. 이때 조직의 목표와 개인 목표의 정렬이 중요한데, 이것을 KPI Key Performance Index 즉, 핵심성과지표를 통해 정의한다. 주의할 점은 모든 하위 KPI가 달성된다고 해서 반드시 상위 KPI가 당연히 달성되는 것은 아니라는 것이다.

때문에, 리더와 구성원이 협의하여 KPI의 우선순위나 중요도 설계를 하는 것이 필요하다. 개인은 열심히 했는데 조직은 목표를 달성하지 못하는 사례가 빈번하기 때문이다. 이러한 것들이 대표적인 성과관리의 함정에 해당되고, 성과관리에 유능한 리더가 필요한 이유이기도 하다. 성과관리에 있어 리더의 역할은 코칭이다. 성과관리 코칭은 목표 수립부터 수행과정, 결과 평가에 대한 대화이다. 자주 코칭하고 대화해야 성과도 극대화되고 최종적인 평가결과에 대해서도 수용성이 높아진다.

조직의 성과주의와 리더의 성과 지향성은 양날의 검Double Edged Sword과 같다. 이 때문에 리더가 성과주의를 다룰 때는 세심한 고려와 전문성이 필요하다. 조직이 성과를 극대화하고, 성과 역설 현상을 최소화하기 위해서는 리더의 몇 가지 중요한 관리활동이 필요하다. 첫째, 올바른 목표설정이다. 목표설정 방법 중 가장 보편적으로 활용되는 방법이 BSCBalanced Score Core 방법론이다. BSC는 균형성과지표라고 하는데, 이는 조직과 개인의 목표를 4개 관점 즉 재무적 관점, 고객 만족 관점, 내부프로세스 관점, 학습과 성장의 관점에서 균형 있게 설정하자는 것이다. 이를 통해 조직이 추구해야 할 목표에 대한 합리성과 타당성을 확보하고, 이를 체계적으로 추진하면, 결과적으로 전체 조직의 경영 수준이 균형 있게 달성될 수 있다고 보는 것이다.

둘째, KPI 등 핵심성과지표의 계량화이다. 목표를 잘 설정하였으나 이를 측정할 수 있는 방법이 계량화되어 있지 않으면 목표 달성 여부를 제대로 측정할 수 없다. 극단적으로는 "계량화되지 않은 목표는 목표가 아니다"라는 말도 있다. 때문에 KPI는 조직 목표와 개인 목표가 주된 지표와 보조지표의 관계와 같이 체계적으로 연결되어 정합성 높게 설정되어야 한다. 더불어, 조직의 리더가 목표설정 단계부터 제대로 개입하지 않고, 믿고 맡겼다가 평가 때 서로 다른 얘기를 하는 경우가 많다. 그래서는 성과관리와 평가, 보상을 제대로 할 수 없다. 목표 수립의 단계부터 제대로 해야 한 해 성과관리의 출발을 잘할 수 있다.

셋째, 과정관리 코칭이 필요하다. 과정관리는 제때 자주 하는 것이 프로세스를 내실 있게 운영하는 것이다. 또한, 과정 관리는 반드시 결과History를 남겨야 하고, 최종평가는 과정관리의 종합으로 해야만 한다. 그래야 성과의 수준과 프로세스 전체의 품질이 올라간다. 과정에 대한 소통을 생략한 채 결과만을 가지고 평가를 하게 되면 기말효과 등과 같은 평가오류에 빠지는 우를 범할 수 있다. 따라서, 성과과정관리 코칭은 타이밍을 놓치지 말고 제때하고, 자주 해야 한다. 그래야 제대로 된 성과 코칭이 된다. 리더가 구성원의 성과관리에 시간을 할애할 수 없다면 단언컨대 리더의 자질이 부족하다고 봐도 된다. 리더가 조직의 성과 말고 무엇에 관심이 있다는 말인가?

넷째, 올바른 피드백과 평가이다. 목표도 잘 수립하고, 과정관리를 통해 코칭도 열심히 하고, 올바른 KPI에 의해 평가했는데도 불구하고 최종평가에서는 서로 다른 얘기를 한다면 납득을 하기 어려울 것이다. 평가는 평가로만 이야기해야 한다. 때문에, 근래에는 과거의 상대평가도 이제는 더 이상 유효하지 않다고 보는 시각이 많다. 개개인에게 개별화된 성과연봉제가 보편화되면서 이제는 절대평가에 대한 요구가 조직 현장에서 커지고 있다. 평가와 피드백을 제대로 하려면 성과에 대한 절대평가가 정착되어야 한다. 이를 단번에 가기 어렵다면, 현재의 상대평가제도를 조금씩 이동해 가자. 즉, 평가제도에 절대평가 속성을 가미해 운영하면 경영에의 영향도도 조절할 수 있고, 임직원의 욕구(Needs)도 단계적으로 맞춰갈 수 있다. 평가제도의 상대 배분율을 조절하고 유연하게 운영하면 할 수 있는 일이다. 자기 역할을 잘하는 리더는 성과 검토를 위한 구성원과의 1:1 대화에 하루를 다 써가며 진행하고, 이것을 투자의 관점에서 관리한다.

다섯째, 성과에 따른 공정한 보상이 필요하다. 평가를 제대로 했으면 마지막은 보상으로 연결을 시키는 것이 중요하다. 결국, 제도와 처우에 대한 공정성 인식은 최종적으로 보상이 좌우한다. 공정하지 못한 보상을 받았다고 생각되면, 다음 해의 성과에 영향을 미칠 수 있다. 그래서 획일적 집단적 보상보다는 개인별 성과와 역량에 맞춤화된 보상의 개별화가 필요한 것이다. 보상에서 상대적 박탈감이 들거나, 조직성과 및 개인성과와 괴리가 있는 보상을 받게 되면, 구성원으로서의 자긍심과 구성원으로서의 조직일체감도 무너진다. 보상이 성과관리의 마지막 단계이지만, 새로운 목표에 대한 시작이 된다는 것을 잊지 말자.

리더가 성과만을 따지는 것은 성과주의의 일면에 불과하고, 역량과 성장 잠재력이 종합적으로 반영되어야 한다. 종합적 성과관리는 리더의 일상에서 늘 벌어지는 일이지만, 여전히 체계화되어 있지 못하고, 리더나 구성원 개인의 역량에 맡겨져 있는 경우가 많다. 정상적인 조직이라면 리더 개인의 차원이 아니라 조직 전체의 차원에서 리더의 핵심역량으로 체질화시켜야 한다. 앞서 얘기했지만 리더의 조직 사유화가 지속 가능성을 저해할 수 있기 때문에 투명하고 공정한 성과관리 프로세스로 자리 잡도록 리더들의 성과관리 역량을 개발시켜 나아가야 한다.

Self Check Point

☐ 팀의 전략체계가 명확한가?

☐ 팀의 성과지표 체계가 구축되어 있는가?

☐ 리더가 팀의 목표설정에 어떻게 관여하고 있는가?

팀을 변화와
혁신으로 이끌기

T E A M   L E A D I N G

    팀이 구성원에게는 숨을 쉬는 환경과도 같고, 가장 기본적인 조건이 되는 업무환경이 본인들의 역량발휘 여건으로 만족스럽지 못하다면 결국 성과창출의 장애 요인으로 인식할 수밖에 없다. 그런데도, 리더가 직급, 평가, 보상 등의 각종 제도와 규범, 조직문화와 같은 요소들에 대해 기울이는 관심에는 상당한 아쉬움이 있는 경우가 많다. 따라서 팀의 일상에서 구성원들이 겪는 수많은 문제들을 리더가 스스로 극복해 낼 역량이 자신에게 있는가에 대한 성찰이 필요하다. 최근 조직의 중요한 의사결정에서 이와 관련된 과제들이 얼마나 자주 논의되고 있는지, 조직의 핵심적인 성과창출영역에서 팀의 전략과 과제들이 얼마나 효과적으로 기여를 하고 있는지를 점검해 보자. 구성원들로부터 리더의 역량과 기여에 대해 제대로 평가되고 있는지도 각종 설문조사Survey 나 인터뷰를 통해 확인해 보자. 이러한 것들을 정기적으로 진단 및 평가할 수 없다면 자주 만나서 얘기라도 듣고 판단해 보자. 어쩌면 리더가 이러한 문제들에 대해 자신을 현실적인 한계와 틀 안에 가두고 있는지도 모른다. 리더의 변화와 혁신역량은 스스로 이것을 깨고 나오는 과정에서부터 시작된다.

조직들을 살펴보면 대부분 내부에 전략을 담당하고, 변화와 혁신의 성과를 점검하고, 방향을 고민하는 기능을 가지고 있다. 그만큼 조직환경의 변화에 민감하게 반응하고, 민첩하게 움직일 수 있는 시스템과 역량을 갖추고 있다는 얘기다. 이러한 활동은 단지 특정 부서만의 역할이 아니다. 일선 조직의 리더나 경영진, CEO 모두 늘 내외부 환경의 변화에 민감하게 반응해야 한다. 이는 조직이라는 집합체가 가지고 있는 생존과 진화를 위한 본능적 활동으로 필요하기 때문이다. 그러나, 이러한 노력에도 불구하고 변화의 시기와 방법을 선택해야 하는 상황에서는 대처 역량에 현격한 차이가 나타난다. 그 때문에 외부의 전문가들과의 네트워킹을 통해 컨설팅의 형태로 조언을 듣기도 하지만, 이후의 내부 실행역량에서는 늘 한계에 부딪히곤 한다. 문제의 핵심은 결국은 내부 역량의 수준이다. 매번 모든 문제의 진단과 결정을 외부전문가에게만 의존할 수도 없고, 그렇다고 내부 문제를 스스로 제때 제대로 해결하지도 못하고 덮어놓고 갈 수도 없다. 이러한 고민은 CEO나 팀의 리더 모두에게 있다. 하지만 어렵게 생각할 것도 없다. 환경과 조직의 현 위치를 비교 분석해서 올바른 방향성만 설정해 낼 수 있다면 다음은 실행의 문제로 다루면 된다. 먼저, 경영환경의 이슈를 살펴보자. 환경의 변화에는 크게는 경제의 흐름, 좀 더 좁히면 관련 산업의 흐름, 더욱 좁히면 회사의 성장단계나 손익구조의 변화, 업무와 관련된 트렌드 Trend 의 변화 등을 짚어볼 수 있을 것이다. 이러한 변화들을 읽고 변화에 맞는 영역에서의 혁신을 꾀하는 것이 대단히 중요한 일이다. 변화에 대응하는 역량이 조직 전체의 경쟁력에 영향을 미치기 때문이다. 아울러 변화와 혁신에 일정한 주기는 없다. 변화의 속도가 갈수록 빨라지는데, 주기를 따를 이유가 굳이 없다. 종합적 변화가 어렵다면 부분적 변화를 끊임없이 추구하자. 부분적이고 단계적인 변화가 안정감도 주고 구성원들이 느끼는 변화의 피로도도 줄여주는 긍정적인 면도 있다.

변화와 혁신은 그것이 주는 느낌만으로도 상당한 결단력이 요구되고 조직의 충격을 수반한다. 그러나 변화의 일보를 내디뎠을 때 비로소 비전과 목표에 한층 가까워지는 확신도 같이 따른다. 어느 시점에는 총체적인 변화와 정체성을 뒤집는 혁신, 시대에 앞서는 선도적인 변화를 시도해야 할 때가 있다. 그때를 놓치지 않는 것이 리더의 결단력이다. 그래서 리더십이 더더욱 중요하다. 조직에는 불편한 진실과 마주할 수 있는 용기를 지닌 리더가 많이 있어야 한다. 사람 좋은 리더도 좋지만, 성과 지향성이 뚜렷하고 조직에 적절한 긴장감과 몰입을 끌어내는 조금은 덜 착한 리더도 필요하다. 변화와 혁신은 모든 리더의 책무이다. 이를 회피하지 말자. 잠시 안정은 취할 수 있겠지만, 현실에 안주해서는 안 된다. 그 순간 조직은 경쟁력의 위협을 받는다. 변화를 오로지 리더십에 맡길 수만은 없다. 그래서 시스템적 경영이나 시스템적 변화를 얘기한다. 변화와 혁신이 조직 내에 프로세스로 구축되어 있고 각 기능이 상시 예민하게 활성화되어 있다면, 그 조직은 구성원의 요구 변화나 환경의 작은 변화에도 민감하게 반응할 수 있다. 그래야 살아 있는 조직이 된다.

변화와 혁신의 흐름

조직운영이 과거 위계적, 수직적 체계에서 근래 들어 창의성 발현에 중점을 두어 수평적 형태로 변화하고 있다. 이는 조직구조에서도 나타나고, 조직의 문화에서도 나타나며, 각종 제도의 운용에서도 확인해 볼 수 있다. 물론, 업의 특성이나 사업의 환경에 따라 요구되는 조직체계나 문화, 제도는 다를 수 있다. 그러나 경쟁의 영역이 확장되고, 그 정도가 격화되고, 변화의 속도가 빠르며, 산업의 구조와 영역이 파괴, 재창조되는 조직환경에서는 조직이 갖춰야 할 유연성과 창의성, 민첩성은 이전과는 전혀 다른 상황이라는 것을 인식해야 한다.

모든 결정과 상황, 환경에는 양면이 존재한다. 예를 들어 빠른 의사결정이 필요한 조직에는 예전처럼 수직적이고 위계적인 의사결정 구조가 나을 수도 있다. 권한과 책임이 명확해 빠르게 의사결정을 하고 민첩하게 움직일 수 있기 때문이다. 또 다른 관점에서 보면 권한이 하부에 위임되고 조직구조를 필요에 따라 자유롭게 변형 또는 개폐할 수 있으며, 구성원 등 경영자원 운영의 민첩성을 높일 수 있는 조직문화나 조직운영방식이 더 효과적일 수도 있다.

조직의 제도 또한 현재의 규범화된 구조가 갖는 장점도 있다. 동기부여 측면이 그렇고, 대외적인 활용 측면에서 역할 관계가 명확한 면이 있다. 반대로 조직 내에서는 역할과 직급, 처우 간의 불일치 문제가 고령화, 고직급화 되어가는 인적자원 구성의 이슈와 맞물려 비효율적인 면이 나타나기도 한다. 팀의 환경에 대해 역사적, 시대적 어젠다를 굳이 고려하지 않아도 현재 우리 조직들이 직면하고 있는 문제를 짚어보면 어떤 고민을 안고 있는지 확인할 수 있다. 우리 조직들은 경쟁 환경의 단절적 격변기에 직면해 있다. 어느 한 곳 활로가 쉽게 보이지 않는다. 이것저것 다 제외하고 고령화, 노동력 감소 등 노동 관련 여건의 변화 속도 문제만 봐도 그렇다. 이러한 시기에 팀 운영을 과거의 잣대로 비교 및 대응을 하기에는 분명히 한계가 있다. 이러한 문제들을 단편적으로 바라보는 이익과 손해의 관점을 바꿔야 할 것도 있고, 일찍이 경험해 보지 못한 전혀 새로운 영역에서 새로운 시도를 해볼 필요도 있다. 변화의 단계나 공식, 혁신의 개념이 바뀌고 있다고 보면 된다. 굳이 4차 산업혁명이나 인공지능, 블록체인 기술 등의 문제까지 들어가지 않아도 알 수 있지 않을까? 보다 구체적으로 들어가 보면, 팀의 리더가 이끄는 변화들이 조직 경쟁력과 변화의 시작점이라고 할 수 있다. 이는 최일선에서 일하는 문화와 환경인 조직문화와 조직의 구성원에 대한 접근부터 시작하기 때문이다. 팀 혁신의 주제는 조직이 처한 상황에 따라 여러 측면에서 다양하게 존재할 수 있지만 그중 대표적인 것들을 보면, 경영철학, 핵심가치, 조직구조, 제도, 의사결정 프로세스, 권한의 위임, 승계계획, 인적자원 개발 및 활용, 리더십, 조직문화 등 다양한 이슈들이 있다. 이러한 변화와 혁신의 주제들은 궁극적으로 조직의 경쟁력과 구성원의 만족 측면에서 검토되고 논의되는 것이 바람직하다. 아울러 다양한 구성원들이 혁신에 대한 논의에 참여하여 충분한 공감대를 만들고, 계획부터 실행까지 일사불란一絲不亂함을 유지하는 것이 혁신 활동의 성과를 높이는 길이라고 할 수 있다.

　팀 혁신의 주체와 관련해서는 상황과 분야에 따라 다를 수 있지만, 대체로 경영철학과 연계하여 CEO나 최상위 리더의 강력한 리더십에 의해 추진되는 경우가 많다. 이러한 혁신 활동은 Top의 강력한 의지가 지속성을 가지고 수반되어야 하고, 장기간의 변화관리 노력이 병행되어야 안정적으로 정착될 수 있다. 예를 들어 수평적 문화 조성을 통해 조직의 창의성을 높이기 위해 국내 C사의 경우에는 직원 상호 간의 호칭을 바꿈에 있어 무려 20여 년의 시간이 걸린 후에야 비로소 정착단계에 접어들었다고 평가하고 있다. 그만큼 팀 혁신과 관련한 이슈는 다루기 어렵고 장기적 시간과 비용이 많이 소모된다. 이 경우도 역시 Top 레벨에서 강력한 변화 의지가 있었고, 조직의 리더와 관련 부서에서 꾸준히 변화관리를 실행해 온 결과이다. 이외에도 팀 변화와 혁신의 사례들을 살펴보면 우선은 전통적인 직급과 위계적 질서 중심의 팀 운영을 직무와 역할 중심으로 재편하고 있고, 평가와 보상제도를 강제적 배분 방식에서 경영성과와 연동한 방식으로 바꾸고 있다. 일부 회사는 직급과 평가제도 자체를 완전히 없애기도 했다. 보상에서는 개별 보상으로 맞춤화시켜 가는 추세이고, 과도한 성과주의의 단점을 보완하는 측면에서 제도 자체를 재설계하는 추세이다. 또한, 조직구조는 의사결정의 민첩성과 운영의 유연성 관점에서 플랫화Flat 하고 있고, 인적자원운영은 더 전략적 관점에서 자원을 선택과 집중하고 있다. 리더십 개발 또한 조직 핵심역량의 지속 가능성 확보 차원에서 계획적, 선행적 접근들이 강화되고 있고, 조직 구성원의 일체감 측면에서는 핵심가치에 대한 논의가 더욱 강화되는 추세이다. 조직환경은 하루가 다르게 변하는데 팀 혁신에 대한 접근은 답보 상태라면 이는 경쟁력 혁신을 저해하는 중대한 문제가 된다. 앞서가는 혁신이면 최선이겠으나 적어도 뒤처지지는 말아야 한다. 혁신을 위한 혁신의 경쟁이 아니라, 생존을 위한 고민과 탐색 그리고 도전이 되어야 한다.

앞서 얘기한 고용과 리더십, 미래, 유연성, 경쟁력, 핵심역량 등의 차원에서 각 조직에 질문을 던져보고 전략의 관점, 운영의 관점, 사업 경쟁력의 확보와 직원 만족의 관점에서 해야 할 일들을 찾아보자. 개별 기업의 사업 환경에 따라 해야 할 일들은 다르겠지만 혁신의 목표와 방향은 같을 것이다. 잘하는 기업들의 사례도 찾아서 벤치마킹을 해보자. 이제 CEO, 경영진, 최일선의 리더가 변화와 혁신의 출발점이다. 혁신의 결과물에 대한 가치 판단도 잊지 말자. 유통기업 테스코는 고객에게 이익, 회사에는 경비 절감, 직원에게는 업무의 단순화를 최고의 판단 기준으로 했다. 이 중에서 가장 어려운 것이 세 번째 바로 '단순화'였다고 한다. 아는 만큼 보이고, 들은 만큼 이해할 수 있다. 선행 사례들을 리더가 사명감을 가지고 많이 찾아보고, 그 배경과 효과 등을 확인해 보자. 지금이 가장 빠른 바로 그때이기 때문이다.

거세지는 요구들

우리가 흔히 조직의 문제를 말할 때 구조의 문제, 권한의 문제, 사람의 문제 등으로 얘기한다. 리더는 팀을 바라볼 때 항상 이 3가지 관점을 견지해야 한다. 리더에게 부여된 권한은 조직이 만들어 낸 성과, 즉 조직의 효과성을 위한 도구이다. 모든 조직은 각기 달성해야 할 목표를 가지고 있다. 어떻게 하면 조직이 가장 효과적으로 목표를 달성하게 할 수 있을 것인가 하는 것이 바로 리더의 팀 운영 혁신의 핵심이다. 따라서 리더에게 필요한 핵심역량이 무엇인가에 대한 논의 이전에 어떠한 리더상이 가장 바람직한가에 대한 논의가 선행되어야 한다. "사람이 곧 성과"라는 얘기가 있다. 그러나 이것은 꽤 비중이 높은 필요조건이기는 하지만 절대적인 충분조건은 못 된다. 우수한 성과에는 탁월한 리더십도 필요하고, 역량이 높은 인재도 필요하고, 최적화된 프로세스와 비용의 투입도 필요하고, 때에 따라서는 환경도 도와줘야 하기 때문이다. 이 지점에서 우리에게는 리더가 인식해야 할 팀의 미션에 대한 고민이 필요하다.

Mission 1. 성과

팀의 첫 번째 존재 이유는 '성과'다. 개인성과의 합이 조직성과가 되지만 반드시 개개인이 달성한 성과의 총합이 되는 것은 아니다. 조직의 효과성인 결과만을 따질 때는 가능한 얘기지만 조직은 효율성인 과정도 따지기 때문이다. 이러한 성과를 만들어 내는 자원 중 중요한 하나가 바로 인적자원이다. 이 자원을 성과 중심적으로 정렬시키는 능력을 지닌 리더가 유능한 리더가 된다. 이때 리더십의 스타일이 성과 지향적이든 관계 지향적이든 그리 중요한 요소는 아니다. 어떤 리더십이 성과에 더 효과적인가는 직무에 따라 상황에 따라 다르다는 것이 오랜 연구들의 결과물이다. 대부분의 리더십에 대한 연구 결과를 메타분석 하여 종합하면 결국 상황이론에 도달하는 것도 이 때문이다. 모든 구성원이 성과에 대한 몰입도가 높으면 당연히 성과 달성수준은 높아진다. 그러나 이 과정에서 리더십의 효과적인 매개 역할이 필요하다. 리더십은 성과에 대한 각종 평가나 보상, 면담과 과정관리, 코칭 등의 테크니컬한 측면들을 활용하여 구성원이 성과에 몰입할 수 있도록 촉진한다. 조직은 성과를 가장 중요시하는 집단이기에 리더십의 효과성이 더욱 중요하다.

양적 성과냐 질적 성과냐의 성과 유형에 따라 리더의 매개 방법이 특별히 달라질 것은 없다. 양적 성과는 좀 더 눈에 보이는 관리방법을 적용하면 훨씬 더 효과적인 측면은 있다. 질적 성과는 성과지표의 이면이나 상호 연계된 평가지표를 상대적으로 더 깊이 있게 분석해 봐야 한다. 때로는 "측정할 수 없는 성과는 성과가 아니다"라고 극단적 정의도 현장에서는 필요하다. 다음으로 성과 달성 소요기간에 따라 단기간 내 달성 가능한지, 장기간에 걸쳐 성과를 확인해야 하는지에 대한 점도 중요하다. 조직이 제시하는 여러 성과관리방법론을 활용하여도 리더가 어느 관점에 더 비중을 두느냐에 따라 성과의 수준과 지속성이 달라진다. 장기성과도 KPI를 나누고 성과기간을 끊어서 중간 과정관리방법을 적용하면 단기성과로 관리될 수도 있다. 분명한 것은 리더가 성과에 대한 명확한 기준을 제시하여야 한다는 것이다. 리더가 과도하게 성과에 매몰되는 것도 결코 바람직하지 않지만, 좋은 것이 좋은 것이라는 식의 관리방식은 더 큰 문제를 야기한다. 구성원들은 목표가 불분명하거나, 성과에 따른 보상이 기대만큼 충족되지 못할 경우 조직에 대한 부정적

인식이 매우 **빠르게** 증가하고, 이로 인해 더 이상은 리더십이 효과성을 나타내지 못하게 된다. 리더가 스스로 성과관리에 대한 자신의 관점을 정립하고 이를 구성원들과 공감대를 이루어야 한다. 이에 대한 준비가 부족하다면, 풍랑을 만난 배를 외면하고 먼저 뛰어내리는 무책임하고 기회주의적인 선장과 무엇이 다르겠는가? 진정한 리더인지 아닌지는 팀이 처해 있는 어렵고, 복잡하고, 위태로운 상황에서 그 가치를 확인할 수 있다. 조직을 성과 지향성이 높게 운영하되, 성과의 속성을 이해하고 그에 따라 적절한 관리방식을 찾는 것이 리더의 중요한 임무이고, 이때 조직성과를 총괄하는 부서와 리더가 가장 효과적으로 소통을 실행해야 한다. 더불어 성과가 저조한 리더를 방치해서도 안 된다. 조직이 무능해지는 것보다 리더의 역할을 내려놓았을 때 잡음이 나는 것을 더 두려워하고 있다면 최고경영자가 제 역할을 다하지 못하고 있는 것이다. 프로세스나 조직문화, 환경, 과제 측면에서 누구든 적임자가 리더가 되고, 수시로 변화되는 역할의 변화를 받아들일 수 있을 때 그 조직은 더욱 건강해지고 지속적으로 발전할 수 있다.

Mission 2. 조직문화

다음으로 조직문화를 성과 현장의 팀 범주에서도 비중 있게 리더가 다루어야 하는 이유는 조직문화를 달리 표현하면 '공유된 가치, 일하는 방법, 생각하는 방식'이라고도 할 수 있기 때문이다. 조직에 CEO나 리더가 부임하면 초기에는 조직 분위기를 익히기 위해 유심히 리더들이 일하는 방법이나 의사결정 구조와 속도, 구성원들의 사고방식을 관찰

한다. 이후 어느 정도 내용 파악이 되고 나면, 조직문화의 변화를 추진한다. 때로 기존 조직문화의 연속선상에서 발전적 변화를 도모할 수도 있고, 그야말로 변혁적 수준에서 혁신적 변화를 시도할 수도 있다. 이때 CEO나 리더가 조직문화를 조직 변화의 핵심적인 활동으로 활용하는 이유는 명확하다. 생각과 태도, 행동이 바뀌어야 성과가 바뀌기 때문이고, 이를 통해 조직 구성원을 공동체로 묶어낼 수 있는 효과적인 구심점이 될 수 있기 때문이다.

일반적으로 조직문화는 경영자의 경영철학을 구현하는 구성원 간에 공유된 가치와 공통된 행동 등으로 나타난다. 공유가치는 구성원 의식의 기반이 되고 생각과 판단의 근거가 된다. 이를 바탕으로 한 공통된 행동이 마치 규범적 통일성에 가깝게 나타난다. 이러한 과정은 조직 내 의사결정 및 가치 판단의 기준이 되고, 조직 목적 추구 및 실현에 있어서 일관성과 효율성을 가져올 수 있다. 흔히들 얘기하는 "A사 직원들은 파란색 피를 가지고 있다"거나 "A사 직원을 떠올리면 세련된 30대 정장을 착용한 모습이다" 등으로 사회 일반에 통일된 이미지가 연상되는 것들이 이런 과정에서 나타나는 모습들이다. 이러한 조직문화는 오랜 기간 자연스럽게 형성되는 것이 일반적이지만 대부분의 경우 조직의 목적과 전략에 맞게 경영진과 부서장 등 리더십을 통해 구성원들에게 전파되고, 각종 교육과 조직문화 구축 활동을 통해 체계적으로 정착된다. 비록 눈에 보이지는 않지만 경영에 있어서는 중요한 요소이고 효율성에 기반한 전략적 활동이기 때문이다.

조직문화의 건전성과 성과, 변화 방향은 주기적으로 측정 및 변화를 관리해야 한다. 이를 위해 일선 리더의 리더십을 진단하고, 조직문화

활동과 성과에 대한 구성원들의 만족도와 같은 의견을 수집하고 분석해야 한다. 또한, 조직이 중요하게 여기는 가치와 방향을 일관되게 견지할 수 있도록 실행과제와 연계하여 변화관리 활동도 지속적으로 해야 한다. 이러한 노력들을 모아 의도를 가지고 추진하는 것이 조직문화 구축이다. 조직문화가 조직의 정책과 연계되는 또 하나의 이유는 승진제도나 평가제도, 보상제도 등이 조직문화를 구체적으로 뒷받침해야 하기 때문이다. 예를 들어 성과지향적 문화를 추구하는 조직이 제도에서 이를 뒷받침하지 않는다면 그저 구호에 지나지 않을 것이고, 구성원들의 공감대를 만들기도 어렵다. 이로 인해 추구해야 하는 조직문화가 조직 내에 뿌리를 내릴 수도 없고 지속성도 확보하기 어려워진다.

팀이 한 달을 살려면 과제를 고민하고, 1년을 살려면 전략을 고민하고, 100년을 살려면 조직문화와 철학을 고민해야 한다. 특히나 요즘은 조직환경의 변화가 빠르고 새로운 패러다임으로 전환되는 시기이기 때문에 조직문화에 대한 목적이 있는 관리가 일상이 되어야 한다. 자연이 하는 일에는 쓸데없는 일이 없듯이, 팀에서 나타나는 여러 가지 일들에는 반드시 조직문화 관점에서의 원인이 있다. 조직문화는 특정 현상을 대할 때 여러 구성원이 같은 관점에서 이를 바라보게 해주고, 어떤 사안에 대해 구성원들이 의사결정을 할 때 어떠한 요소를 가장 중요하게 여겨야 하는지에 대해서도 알려준다. 고객의 입장에서 구성원 누구와 만나든 동일한 가치를 제공받을 수 있어야 한다. 이것이 조직문화이고 리더가 이를 올바르고 효율적인 방향으로 계획적으로 견인해야 한다. 이를 조직문화 변화관리라고 우리는 말한다.

창의성은 조직의 성장과 생존을 위해 필요한 역량으로서 매우 중요하게 다루어진다. 조직의 창의성과 리더십을 연계해서 보아야 하는 이유는 리더가 운영하는 여러 규범들이 구성원의 사고와 행동의 범주를 정하거나 제약할 수 있기 때문이다. 조직에 창의성이 보다 요구될 때 리더들은 이를 제약하는 제도나 관행들을 개선하고, 창의성을 촉진할 수 있는 환경을 구축하게 된다. 구성원의 창의성이 곧 조직의 창의성이기 때문이다. 구성원이 조직 내 활동에서 발현하는 창의성은 조직의 성과와 직결된다. 많은 조직들이 창의성의 극대화를 위해 근무제도나 회의문화, 구성원 간의 관계를 만들어 주는 직급 제도 등을 바꾸어 준다. 평가나 보상제도의 변화도 마찬가지다. 휴게 공간을 창의성이 촉진되도록 만들뿐만 아니라 심지어는 근무형태나 시간, 장소의 제약도 없애고 있다. 성과를 위해서라면 제약이 되는 모든 것을 거두어 낼 기세다. 그만큼 창의성이 조직의 경쟁력을 위해 절실히 요구되기 때문이다.

우리의 주위에는 분기마다 수조원을 벌어들이는 사업이 있는가 하면, 인건비를 감당하기도 어려워하는 사업도 있다. 같은 제품인데도 창의성이 접목되어 높은 부가가치를 만들어 내고 있는 경우가 있는가 하면, 그렇지 못한 경우도 있다. 최고경영자의 결단에 의해 사업의 기회가 만들어지는 경우도 있고, 구성원의 창의적 제안에 의해 경쟁력이 창출되는 사례도 있다. 모든 혁신이 처음부터 혁신은 아니었다. 사소하고 작은 출발에서 시작하여 성장의 발판이 만들어진다. 비슷한 원료로 만들어지지만 맥주잔과 광학용 유리, 디스플레이용 유리의 가치는 각각을 비교했을 때 같은 크기여도 수배에서 수십배까지 차이가 난다. 제품과 기술에 창의성이 추가되느냐, 그렇지 않느냐의 차이라고 보아도 된다.

팀의 창의성을 위해 구성원 간의 관계를 수직구조에서 수평구조로 바꾸면 아이디어 발굴과 실현의 기회가 훨씬 더 많아지고 스피드도 빨라진다. 평가를 개개인의 기여에 맞추어 절대평가에 가까운 평가를 하면 상대평가에서 오는 불만족이 줄어들고 결국 자신의 성과에 대한 공정한 피드백을 받고 있다고 여기는 공정성 인식이 높아져 창의성에 더 몰입하게 된다. 직급과 성과 평가 등급에 의한 획일적 보상이 아니라 개개인의 기여에 대한 차별적, 맞춤형 보상이 이루어지면 개개인의 자존감이 높아질 수 있고 보상에 대한 만족도도 높아져 성과 촉진의 기회에 대한 동기부여 인식이 강화될 수 있다. 이처럼 거의 모든 제도의 실행이 창의성에 영향을 주고, 성과에도 영향을 끼친다.

눈에 보이지 않는다고 존재하지 않는 것이 아니듯이 구성원이 표현하지 않는다고 해서 현재의 모든 제도와 시스템에 만족하는 것도 역시 아니다. 아울러 현재의 리더십 실행이 비록 오랜 기간에 걸쳐 업데이트되고 발전되어 왔다고 하지만 결코 현재에 최적 상태는 아닐 수도 있고, 그것이 미래에도 역시 경쟁력이 있을 것이냐에 대한 질문에도 자신 있게 대답하기가 힘들 것이다.

팀의 리더가 우선적으로 강화해야 할 가치가 창의성이라면 다른 고려요소들은 조금 희생하더래도 구성원의 창의성 촉진 및 발현을 통해 구성원이 성과에 더욱 몰입할 수 있도록 제반 정책과 시스템을 관련 조직과 협업하여 서둘러 정비해야 한다. 창의성이 일시적으로 지나가는 패션이 아니고, 조직의 생존과 경쟁력을 결정짓는 핵심요소임에 틀림이 없기 때문이다.

팀 간, 개인 간 협업을 뜻하는 컬래버레이션 Collaboration, 이것을 활성화시키는 리더십이 미래 경영에 있어서 중요한 요소가 될 수밖에 없다는 것은 많은 전문가들의 견해다. 이는 복잡성과 불확실성으로 대변되는 미래 조직환경 변화에 팀이 효과적으로 대응하기 위해서는 조직 간 개인 간의 경계를 뛰어넘는 전문성의 융합 및 운영 효율성이 필요하다는 것을 의미한다. 따라서 조직과 직무, 인력의 운영에 관한 의사결정을 담당하는 리더의 역할이 부문 간 개인 간 협업 촉진에 심대한 영향을 줄 수 있다.

조직은 다른 조직과의 경계와 조직 내 계층을 통해 역할과 권한을 구분하며, 일반적으로 조직에 따라 핵심성과지표가 있고, 중복성은 최대한 배제된다. 이것이 조직편제의 기본이다. 이러한 조직 경계가 전체 최적화와 공동의 목표 추구에 있어서 상당한 제약으로 작용하는 경우도 있다. 조직이 소규모일 경우에는 그러한 문제가 덜하나, 조직이 커질수록 갈등은 심화된다.

이때 리더의 역할은 조직의 역할과 책임을 조직환경 변화에 맞춰 재정의하고, KPI의 적절성도 검토하며, 필요한 자원의 투입도 결정한다. 그런데 이러한 의사결정을 앞으로는 다른 팀과의 협업 관점에서 더 비중 있게 다루어야 한다. 이유는 우리가 예상하지 못했던 문제가 예상하지 못했던 영역에서 생겨날 수 있을 정도로 조직환경의 복잡성과 불확실성이 높기 때문이다. 조직의 편제나 구조, 운영방식도 보다 심플

Simple 하고 유연하게 정비해야 하고, 인적자원도 팀의 리더와 협력하여 직무 단위보다 역할 단위를 중심으로 확장성 있게 운영하는 것이 필요하다. 과거처럼 직무 단위 정원관리방법으로는 유연성이 떨어지기 때문이다. 개별 인적자원의 전문성 활용은 부문 간 직무 간 통합을 통해 폭을 넓혀야 한다. 예를 들어서 한번 관리부서에 배치하면 퇴사할 때까지 관리 업무를 계속하는 것이 아니라 인사도 경험하고, 영업도 경험하고, 생산관리도 경험하면서 커리어와 전문성의 확장을 계속해서 넓혀주어야 한다. 경력 경로 유형이 'T자형' 인재 모델이나 '土자형' 모델 등 조직과 업무특성에 맞는 경력개발과 활용 정책을 만들어서 계획적으로 운영해야 한다. 의도와 목적을 가지고 계획적으로 관리하지 않으면 수년이 지난 후 조직 내에서 부담으로 남는 인재가 될 수 있고, 이 경우 조직과 개인 모두에게 불행이 아닐 수 없다.

조직 간, 개인 간 협업이 활성화되기 위해서는 앞서 얘기한 통합과 유연성도 필요하지만, 환경과 기반 여건 측면에서 고민해야 하는 것이 바로 평가와 보상이다. 협업에 맞는 평가와 보상제도가 필요하기 때문이다. 예를 들어 협업을 강조하는데 평가권은 소속 리더의 전유 권한으로 남아 있다면 구성원이 굳이 다른 조직과의 협업에 적극적으로 나설 이유가 없다. 이것을 해결하지 못한다면 협업은 자부문 우선적 의사결정과 승인된 범위에서 소극적 활동이 될 수밖에 없고 이래서는 팀의 경계를 절대 넘지 못한다.

조직 간 협업의 구조와 프로세스를 정의하고, 협업의 성과에 대해 공동으로 귀속하고 평가해야 한다. 더불어 협업 과제를 전략적으로 발굴하여 조직 간 기능횡단적 Cross Functional 협업의 성공 경험을 조직 내에 지속적으로 축적해 나아가야 한다. 이러한 구조는 조직 간, 개인 간의 밀접한 소통에 기반함으로써 활성화될 수 있다. 또한, 일정 레벨 이상 의 성장은 사전에 계획된 몇 개의 조직 경로를 반드시 거치게 하는 조 직 간 협업을 통한 성장 경로 운영을 제시할 필요도 있다.

앞으로의 조직환경 변화는 팀이나 리더, 구성원 누구도 경험해 보지 못한 길을 요구하고 있다. 팀의 성과도 중요하고 구성원의 행복과 만족 도 모두 중요하다. 현재의 방식이 경쟁력을 유지하는 방법이 될 수도 있고, 변화에 앞선 선제적 변신만이 팀과 구성원의 생존을 보장해 주는 방법이 될 수도 있다. 중요한 것은 리더의 혁신역량과 의지이다. 각각 의 팀과 구성원이 가지고 있는 전문성의 경계가 장애가 되어서는 안 된 다. 어떠한 도전도 극복해 낼 수 있는 조직의 체질과 구조를 갖추고, 구 조적 경계를 넘어 경영자원운영의 효율성을 높이는 것만이 미래를 보 장해 줄 수 있다. 그러한 도전을 리더가 팀의 본질에 대해 전략적 차원 에서 고민하고 준비해야 할 것이다.

Self Check Point

☐ 팀 혁신을 위한 전략을 가지고 있는가?
☐ 팀의 창의성을 촉진하는 리더십을 발휘하고 있는가?
☐ 팀 간, 구성원 간 협업을 촉진할 수 있는 운영전략이 있는가?

제2장

생태계 평형:
인재와 역량

- 좋은 인재를 탁월한 인재로 만들기
- 팀 역량 파악하기
- 핵심역량 경쟁우위 지키기
- 경력개발 어떻게 할 것인가?

High

Performance

Team

생태계 평형 Equilibrium of Ecosystem

생태계에서 생물 개체의 수, 군집의 종류, 물질의 양, 에너지 흐름의 유지 등의 안정된 상태를 생태계 평형이라고 한다. 생태계는 평형 상태에서 구조와 기능을 스스로 조절할 수 있고 균형을 맞춘다(식물학 백과). **팀 리더가 이끄는 팀의 효율성과 효과성은 구성원의 핵심역량 경쟁력이 결정한다.** 핵심역량 경쟁력은 최적의 팀원 조합을 통해 구축되는 것도 중요하고, 리더에 의해 상시로 팀 환경이나 목표의 변화를 반영하여 최적의 상태를 유지할 수 있도록 관리도 되어야 한다. 팀의 목표와 구성원 핵심역량의 경쟁력이 불균형을 이루면 팀의 경쟁력과 구성원의 성과 몰입을 해치게 되고, 결국 저성과 팀이 되거나 효율성이 낮은 팀으로 추락하게 된다. 이에 대한 균형 조절은 리더의 책임과 역할이다.

좋은 인재를
탁월한 인재로 만들기

TEAM LEADING

    팀이 필요로 하는 인재를 선발하기 위해서는 무엇보다 리더가 조직운영원칙과 인재상을 명확히 하는 것이 선행적으로 필요하다. 운영원칙은 리더가 조직의 구성원과 자원, 성과를 관리하는 데 있어 가장 근간이 되는 인식을 말한다. 조직의 인재상은 리더의 운영원칙을 실현해 나아가는 데 있어 구성원에게 요구되는 기본적인 자질과 가치관, 행동 양식을 통칭한다. 이러한 운영원칙과 인재상에는 반드시 팀이 실현하고자 하는 가치와 비전을 담고 있어야 한다. 그래야 그것을 올바르게 실행할 인재를 선택해 낼 수 있다. 만약 현재 운영원칙이나 인재상이 체계화되어 있지 못하다면 팀의 비전과 목표, 업의 특성, 구성원의 행동 양식을 구체화해서 분석해 보면 이를 새롭게 정의해 낼 수도 있을 것이다.

인재선발의 현 위치

대부분의 조직이 인재상의 구현을 위한 다양하고 맞춤화된 인재선발 Tool을 갖추고 있다. 통상 전통적인 필기시험으로 기본적인 지적역량을 판단하는 방법부터, 일과 역할 그리고 인재상 등이 반영된 적성검사, 전문성을 확인하는 여러 단계를 거치는 심층 면접, 프레젠테이션, 토론, 합숙활동 평가 등 그 방법도 다양해지고 있다. 지원자 입장에서 보면 직업을 갖기 위한 전쟁이고, 조직의 입장에서 보면 적재適材, Right People를 효과적으로 선별해 내기 위한 전쟁이다. 누가 승자가 되어야 할까? 결론부터 얘기하면 지금의 방식으로는 제대로 된 인재를 찾지도 못하고, 제대로 된 직업도 선택하지 못하는 프로세스인 것 같다. 그러니 기업들은 인재를 채용해서 전인적 교육수준의 육성체계에 또다시 비용을 투입하고 있고, 어렵게 입사한 구직자의 경우에도 새로운 직장을 찾아 떠나는 이직률도 높을 수밖에 없다.

왜 그럴까? 왜 많은 시간과 비용을 투입하고도 최적의 선택을 하지 못하고 있는 것일까? 아주 기본적인 사항이면서도 늘 소홀히 되는 몇 가지가 있다. 첫째, 조직에는 어떤 인재를 선발할 것인가에 대한 명확한 선택기준이 없다. 굳이 있다면 공통된 학업이수 수준, 보편적인 인성과 기본이 되는 자격증, 어학 역량의 수준 정도다. 상황이 이러하니 지원자의 스펙과 배경과 외모를 자꾸 보게 된다. 둘째, 선발기준에 맞는 도구를 제대로 갖추지 못했다. 예를 들어 적성검사를 어떤 도구를 가지고 무엇을 판단해 낼 건지, 인터뷰는 어떤 방식으로 해서 무엇을 확인할 것인지에 대한 명확한 방법론이 없다. 최소한 인터뷰할 때의 질문에는 파악하고자 하는 특정 의도는 가지고 해야 하는데, 그렇지 못한 경우가 많다. 셋째, 기준도 있고 도구도 있으나 이를 잘 운영할 수 있는 내부 전문가의 역량이 부족한 경우이다. 채용 프로세스는 잘 운영할지 몰라도 인재를 찾아내는 전문역량을 갖추고 있는 채용전문가가 조직에 없거나, 관련 전문기관을 활용하는 역량에 의문이 들 때가 있다. 마지막으로, 지원자에게 제공하는 정보가 충분한지도 생각해 보아야 한다. 입사 후 수행해야 할 직무와 경험하게 될 조직의 문화에 대한 정보 등을 사전에 제공하는 것이 지원자의 직무 적합도를 높이는 방법도 될 수 있다.

선발을 위한 Key Note

어떻게 하면 우리 조직에 맞는 최적의 인재를 가장 효과적인 방법으로 선발해 낼 수 있을까? 첫째, 인재선발과정을 조직은 Right People을 찾고 지원자는 Right Job을 찾는 기회로 활용하면 가장 좋다. 조직의 입장에서 보면 많은 사람이 입사를 원하지만 그렇다고 모두가 조직의 운영원칙과 인재상에 적합한 최적의 인재는 아닌 경우가 많다. 이런 경우에는 자기 조직의 운영원칙과 인재상, 핵심역량 등을 구체적으로 설명하고, 지원자가 스스로 선택하게 해줘야 한다. 흔히 하는 실수 중 하나가 적어도 입사하면 20~30년을 함께할 동반자를 선발하면서도, 조직의 비전, 목표, 핵심역량 등에 대한 상세한 설명을 하지 않는다. 전자기기나 자동차 한 대를 살 때도 사전에 꼼꼼하게 따지고 시험 운전까지 하는 사람들이 마치 모든 것을 각자의 운에 맡겨보자는 것과 다름이 없는 방식으로 사람을 찾는다. 채용의 과정은 서로가 서로에게 필요한 선택을 하는 과정이 되어야 한다. 그래야 최적의 인재를 선발할 수 있고, 최적의 직업을 선택할 수 있다. 그간 파트너나 동반자를 찾는 것이 아니고, '갑'이 일을 시켜볼 만한 '을'을 고용하는 관행을 반복하고 있었던 것은 아닌지 생각을 해볼 일이다.

둘째, 인재를 선발할 때는 일반적인 서열화의 함정에 빠지지 말자. 대부분의 조직이 기준의 객관화 및 공정성을 이유로 지원자를 서열화하여 선택하는 것을 좋아하지만, 조직에 필요한 인재를 선발할 때는 반드시 절대평가를 적용한다는 원칙을 견지해야 하고, 서열화는 절대기준을 충족한 지원자 중에서 최종 선택을 할 때 마지막 방법이 되어야 한다. 서열화가 나름 합리적이라는 함정에 빠져서, 왜 모든 지원자를 동일한 잣대 안에 넣으려 하는가? 모든 사람이 판박이처럼 동일하지도 않은데 '프로크루스테스의 침대Procrustean Bed'에 맞춰 지원자들의 자질을 재단하면 안 된다. 각기 다른 가치의 다양성을 인정하고, 그중에서 조직과 부합되는 재능을 찾아서 선택할 일이다. 흔히 활용하는 서열화를 통한 선발의 기준대로 하자면 모든 인재는 한날한시에 태어나고 같은 환경에서 자라고 같은 행동과 같은 생각을 해야 한다. 그런데 그런 인재를 구할 수도 없지만 조직에서 요구하는 가치 기준에도 부합될 수 없다. 선발은 획일적으로 해놓고서 어떻게 구성원의 다양성을 얘기하고, 그 다양성하에서 창의적인 아이디어가 넘치는 조직문화를 생각하는지 모르겠다. 팀의 리더와 HR 부서가 함께 풀어야 할 숙제다. 이것들을 현명하게 풀어가는 첫 번째 관문이 바로 직무별 채용요건의 정의 Define 와 직무기술서Job Description 이다. 채용요건의 정의는 적재를 찾게 해줄 것이고, 직무기술서는 지원자가 본인이 원하는 직무를 찾는 데 도움을 줄 수 있을 것이다.

셋째, 인재를 찾을 때 질문을 스핑크스가 수수께끼 내듯이 하면 안 된다. 그렇다고 지원자와 불필요한 논쟁을 할 필요도 없지만, 세상에 있는 정답은 다양성과 창의성의 관점에서 보면 정답이 아닐 가능성도 있기 때문이다. 중요한 것은 조직이 가지고 있는 인재상과 얼마나 부합하는가를 탐색하는 것이고, 조직이 새로운 인재를 선발하는 것은 그 인재의 가능성과 잠재 역량을 보고 하는 것이라는 것을 잊지 말자. 때문에, 질문도 전문성, 성장 잠재력, 창의성 등에 맞춰야 한다. 한때 구글 Google 의 인터뷰 질문이 화제가 되기도 했지만, 굳이 따라 할 필요도 없다. 서로가 선택할 수 있는 진솔한 대화가 오가면 된다. 몇 번의 질문으로 판단이 어려우면, 심층 질문도 해보고, 토론도 해보고, 다른 견해에 대한 비평 기회도 주고, 지원자에게 질문도 하게 해보자. 질문과 인터뷰는 서로가 간절히 찾고 싶은 것을 찾아가는 과정이어야 한다.

조직이 인재를 탐색하는 시장이 직무별 시장의 수준으로 형성되고, 성숙되어 있다면 조직이나 지원자가 이런 고민은 조금 덜 하겠지만 현실은 그렇지 못하다. 때문에, 지원자의 잠재 역량을 확인하는 데 더 집중을 해야 할 필요가 있다. 쉬운 것부터 시도해 보자. 우선은 조직이 필요로 하는 인재상을 먼저 정의하고, 이를 잘 실천하고 있는 내부의 인재를 모델로 하여 인재선발기준을 구체화한 다음, 이를 지원자와 대입하여 부합하는 인재를 찾아가는 프로세스와 Tool을 내부적으로 하나씩 갖추어 가자. 우리에게 필요한 것은 대부분 조직 안에 있다. 때문에, 맨땅에 부딪히는 것도 아니니 너무 걱정할 필요도 없다. 최근에는 인재선발에 대한 기준과 권한이 팀의 리더에게로 위임되고 있다. 권한을 부여받은 만큼 책임도 뒤따르는 법이다. 주어진 권한과 책임을 잘 수행하려면 리더가 고민을 이전과는 달리 많이 해야 한다. 그래야 팀의 핵심역량을 발전시키고, 경쟁력을 유지하며, 지속 가능한 조직이 될 수 있다.

팀 내 효과적인 인재육성전략

코이의 법칙Koi's Law이 있다. 관상어 중에 코이라는 어류는 환경에 따라 성장하는 크기가 달라진다. 같은 물고기인데도 어항에서 키우면 피라미가 되고, 강에 놓아 기르면 1미터가 넘는 대어가 된다. 인재도 마찬가지다. 조직은 결국 성과를 목표로 하므로 구성원의 역량을 얼마나 끌어내어 성과의 수준을 높이느냐가 인재경영의 본질이다. 인재경영은 팀의 리더가 책임지는 팀의 인적자원운영에 효율과 전략의 차원을 포함하며, 경영목표와 전략에 맞게 인적자원을 효율적으로 배분하고 운영하는 과정을 말한다. 이를 통해 조직은 최적의 자원운영 효율과 성과의 극대화를 도모할 수 있다. 특히, 조직경영에 있어 인적자원은 중요한 경영요소 중의 하나이므로, 이를 다루는 경영자와 조직 리더의 역할이 더없이 중요하다.

인재경영은 리더의 경영철학을 바탕으로 한다. 리더가 철학이 없거나 그 수준이 빈곤한 경우 그 조직은 조직력을 제대로 발휘할 수도 없고 심지어 엉뚱한 방향으로 가게 된다. 결국, 투자된 비용만큼의 효과를 기대하기 어려워지는 결과를 초래하게 될 수 있다. 인재경영의 철학은 그 대상이 되는 사람에 대한 조직의 관점을 담고 있기 때문에 인간에 대한 존중과 조직의 주체로서의 독립성과 존엄성을 바탕으로 해야 한다. 인간의 존엄성을 배제한 채 효율 측면의 자원으로만 인식하고 경제적 관점의 운영만을 추구할 경우 그 조직은 목표에 대한 구성원의 몰입도를 높이기 어렵고 결과적으로 조직이 영속하기도 어렵다. 때문에, 대부분의 경영자와 리더들은 구성원에 대한 인재경영의 철학을 경영에 있어 가장 근간이 되는 핵심요소로 받아들여야만 한다.

최고경영자와 조직의 리더가 견지하고 있는 인재경영철학은 구성원에게는 이정표와 같은 역할을 하며, 자신이 조직 내에서 존중받고 있음을 확인하는 방법이 되기도 한다. 우리는 조직력의 차이로 인한 결과의 차이를 일상에서 많이 접한다. 특히 구성원의 집단적 사고와 행동으로 표현되는 조직력을 중요시하는 스포츠와 조직활동은 너무나 유사점이 많다. 인재경영철학은 인재를 채용하고 조직에서 등용하는 과정에서 가장 잘 나타난다. 능력과 성과에 따라 공정한 인사원칙을 견지하고 있는 조직에서는 구성원의 성장에 대한 불만이 높지 않고, 오히려 성과에의 기여는 높다. 그러나 반대의 경우에는 리더와 구성원 간의 불협화음이 끊이질 않고, 조직은 제자리를 맴돌거나 퇴보하다가 결국은 그 조직과 구성원은 퇴출의 위기에 직면한다. 성과가 높은 조직과 낮은 조직의 가장 근본적인 차이점이다.

조직의 인사원칙은 최고경영자의 인재경영 철학을 실천하는 방침이다. 즉, 철학을 구현하기 위한 지침의 성격이다. 이것이 구체화되어 인적자원운영에 반영되는 것이다. 조직 내 인재육성은 최우선적으로 조직이 추구하는 인재상에서부터 출발한다. 이 인재상은 조직의 인사정책과 인재선발, 보상, 역할 부여 등에 반영되어야 하고, 이를 리더와 구성원 간에 공유하고 있어야 한다. 그래야 소통이 명확해지고 모든 의사결정의 판단 기준이 될 수 있으며, 공유된 행동지침이 될 수 있다. 때문에, 인재상은 조직과 개인의 가치와 비전을 담아야 하고, 업의 특성을 반영해야 하며, 조직문화와 리더십의 상징이 되어야 한다. 그리고 이를 제도적으로 반영하여 구성원의 행동지침으로 발전시키고 모두에게 생활화될 수 있게 해야 한다. 이를 구현하는 방법은 여러 가지가 있으나, 이러한 방침과 프로세스의 공유와 공감에서부터 행동 변화의 시작이 될 수 있다. 조직 내 인재육성전략에 우리가 담을 수 있는 훌륭한 철학과 원칙은 많다. 다만 우리 조직과 체질 측면에서 정합성이 얼마나 높게 존재하는지가 더 중요하다. 우선은 경영환경과 업의 특성을 인적자원 경영의 원칙에 반영하고, 인재육성전략의 방향성을 설정한 후 마지막으로 개인별 전문화와 역량 내재화의 수준과 목표를 담아야 한다. 이러한 전략 방향이 준비되면 그다음으로 실행과제들을 하나씩 추진하면 된다.

조직은 인재경영의 철학 위에 다양한 전략들을 추진한다. 즉, 조직의 목표를 달성하기 위한 인적자원운영 효율성 극대화 전략이 그것이다. 이 전략에는 능력주의나 성과주의 구현, 직무와 역할기반의 인사 등이 포함된다. 능력주의를 구현하기 위해서는 인재의 등용에 있어 능력우선주의를 택하고, 이를 평가하고 보상할 수 있는 제도와 운영원칙을 갖추어야 한다. 성과주의의 경우도 성과 극대화 관점에서 마찬가지이다. 제도의 구성이 바뀔 뿐 본질은 다르지 않다. 직무나 역할기반의 인사철학과 전략도 마찬가지다. 각론에 들어가면 여러 다양한 전략들이 전개되지만 인사철학의 총론은 별 차이가 없다. 큰 차원에서의 철학이 바로 서면 전략은 리더가 실천하는 방법론 수준으로 부담이 줄어들 수도 있다.

사람을 모든 일의 근본에 두었던 인간 중심주의 사상이 왜 시대의 변화에 상관없이 그 본질적 가치를 지속적으로 탐구해야 하는지 생각해 볼 일이다. 리더는 기본적으로 인간 중심 즉, 인간의 존엄성을 모든 조직활동의 바탕에 두기 위해 리더에게는 구성원에 대한 관점을 어떻게 정립할 것인가에 대한 치열한 성찰이 필요하다. 조직 내에서 인재육성의 목표와 방향, 그 수준은 어디까지여야 할까? 우리가 일반적으로 접하고 있는 인사정책과의 연계성은 어떻게 확보해야 할까? 흔한 고민이지만, 실제 팀의 현장에서는 명확하게 설정하기 어려운 것도 현실이다. 그간 여러 사례를 보았을 때 조직의 인재육성은 여건이 되면 투자하고, 어려울 땐 제일 먼저 지출을 줄이는 비용관점에서의 접근이 많았다. 그러면서도 우리는 늘 인재육성은 투자라고 말하고 있었다. 물론 투자도 어려울 때는 긴축해서 할 필요는 있다. 그러나 다음 해에 심을 종자까지 훼손해서는 안 된다. 비용과 투자에 대한 경계를 찾아내 구분하는 것이 중요하다. 여기에 우선순위의 논리가 있다. 적어도 조직의 관점이라면 효과성도 염두에 두고 조직의 전략과 부합되는 방향과 수준을 정한 후 비용과 투자의 관점에서 조율할 수 있어야 한다. 이런 관점에서 몇 가지 인적자원운영전략의 어젠다를 조직 내 인재육성과 연계하여 짚어 볼 필요가 있는 것이다. 조직의 인재육성은 팀의 리더가 추진해야 할 전략의 핵심축이다. 조직의 사업전략과 연계하여 인적자원에 대한 운영전략을 결정하고 해당 인재를 확보할 것인지, 내부 육성할 것인지 큰 방향을 우선적으로 정해야 한다. 확보할 인재는 우수 인재 확보전략을 수립하여 시장에서 찾아내면 되고, 육성할 인재는 조직 내에서 기본 자질과 경험을 갖춘 인재들을 대상으로 전략적으로 육성하는 전략을 선택하면 된다. 일반적으로 외부 확보보다 내부 충원이 구성원의 동기 부여 측면에서 장점이 있으나, 부문 간 조정이나, 개인의 커리어_{Career} 개발 욕구_{Needs}, 내부 자원의 충분한 역량 확보 여부 등의 이슈에 직면 하면 예상치 못한 다양한 문제들에 직면하기도 한다.

대부분의 팀들은 내부에 인재육성 프로세스를 가지고 있다. 그것이 교육이나 세미나를 통한 방법이든 직무 순환을 통한 방법이든 상관없 다. 근래 들어서는 교육이나 직무 순환, 여러 지역이나 국가에서의 근 무 기회가 중요한 보상의 하나라는 인식도 강해지고 있다. 이러한 현실 에서 많은 조직들이 취하고 있는 인재육성전략은 고용 관행과 법규의 환경적 요인으로 인해 외부 확보보다는 내부 육성의 관점에 더 비중을 두고 있는 듯하다. 이는 직무기반의 인재시장이 형성된 서구 기업과는 달리 대규모 공채 후 적성 직무에 배치하여 육성하는 프로세스를 가지 고 있는 고용환경의 차이에 의한 현상이라고 볼 수 있다. 국내 기업의 대부분은 가장 보편적인 인재육성체계로 채용-입문교육-직무배치-직 무교육-활용-전환배치-교육-활용 등의 직무 전문성과 관련한 프로 세스와 리더십, 계층교육 등 공통 교육에 집중한 고비용의 교육체계를 가지고 있다. 상황이 이렇다 보니 인재육성이 투자보다는 비용이 되고, 경영이 어려워지면 제일 먼저 비용 감축의 대상이 된다. 경영이 어려울 땐 사람도 남고, 그 사람에 대한 투자도 멈춘다. 이러한 프로세스와 사 고를 가지고 있는 우리의 조직 내 인재육성방안이 장기적 지속적 관점 에서 사업의 안정성을 확보, 견인할 수 있을까?

그렇다고 고용이 유연한 직무기반의 정책을 추구하는 서구 기업들처럼 단기간에 원할 때 인재시장을 구축할 수도 없다. 제반 고용 관련 법규도 정비 되어야 하지만, 무엇보다 인재육성에는 비용을 제외하고도 생각보다 많은 시간과 노력의 투자가 필요하기 때문이다. 어떻게 풀어야 할까? 답은 현장의 인재육성 실행에 있다. 우선은 조직이 모든 교육을 책임진다는 사고부터 바꿔야 한다. 조직생활의 기본 자질에 해당하는 것은 자기 주도의 교육으로 간소화하고, 핵심가치에 기반한 공통역량과 리더십 역량은 전체 구성원을 대상으로 교육 외에도 다양한 방법으로 전파, 습득시키는 시도가 필요하다. 예를 들어 차세대 리더를 육성하기 위해서 과제 부여와 리더, 동료의 코칭을 통해서 일상에서 리더십 개발 및 발휘를 지원하고, 핵심가치 Value 등의 공통역량을 각종 회의체와 일로써 발현되도록 하는 방법 등이다.

인재육성은 조직이 주도하는 것이라는 관점도 바꿔어야 하고, 기본적으로는 현장에서 리더가 일을 통해 육성한다는 관점하에 고비용 육성전략의 구조를 효율적으로 바꿔야 한다. 그다음에는 전략적 인재육성을 리더와 HR이 협업하여 실시해야 한다. 인적자원이 조직에 적응하고 실무를 주도할 수 있도록 조기에 전력화하는 프로그램이라든지, 글로벌 인재를 현지화된 프로그램을 통해 키운다든지, 핵심역량을 조직 내 계획적으로 승계시키기 위해 전문역량 승계체계를 마련해 운영한다든지, 소규모 팀 단위의 학습 및 지식공유 문화를 활성화하는 방법 등이 그 대표적인 사례가 될 것이다. 조직의 활동은 기본적으로 늘 전략에 집중하고 목표 달성의 효과성을 높일 수 있어야 한다.

조직 내 인재육성의 한계와 극복

이와 같은 육성 필요성과 사례에도 불구하고 조직 내 인재육성전략의 실행에는 일정 부분 한계도 존재한다. 우선 조직 내에 핵심역량을 유지하는 전략을 위해서는 이에 대한 규명 및 적임자 후보군을 선정하는 프로세스가 최상위 경영진에서부터 체계화되어 실행되어야 한다. 그러나 우리 정서상 일상적인 프로세스로 자리 잡기에는 조직 내 부작용 등 넘어야 할 난관이 많다. 다음으로 리더가 환경 변화에 전략적이고 선도적으로 대응할 수 있는 역량을 갖춰야 한다. 이를 위해 암묵지의 일들을 표면으로 끌어내는 노력이 필요하고, 인재육성전략이 초래할 비즈니스 성과에 대한 위험성도 일정 부분은 감수Risk Taking 하겠다는 의지도 있어야 한다.

조직 내 인재육성의 가장 중심이 되는 전략은 일을 통한 육성이다. 그러나 현실에서는 우수 인력의 순환이 육성을 목적으로 실행되기에는 공감대 형성도 여전히 쉽지 않다. 당장의 목표 현안과 장기적 관점의 인재육성 사이에서 갈등하는 리더가 있고, 구성원 자신도 불확실성에 노출을 꺼려하기 때문이다. 이처럼 이상이 현실의 논리를 뛰어넘지 못하는 경우가 종종 있다. 그럼에도 불구하고 최고경영진의 강력한 의지와 이를 지원하는 투자와 운영을 통해 나름 효과적인 육성 프로세스를 갖춘 조직들의 사례도 찾아볼 수 있다. 인재육성에는 Top의 의지와 리더의 실행력, 그리고 담당하는 부서의 전문성이 대단히 중요하다. 특히 리더는 인재육성전략의 솔루션 프로바이더Solution Provider 임을 명심해야 한다. 그래야 조직 일상의 활동과 관심을 전략의 단위로까지 끌어

올릴 수 있다. 리더가 조직을 운영하다 보면 구성원과의 관계에서 많은 어려움에 직면한다. 예를 들어 조직 구성원의 성과관리, 역량개발, 인력운영, 평가, 보상 등 다양한 이슈에 의해 조직의 분위기나 구성원의 사기가 영향을 받는다. 무엇보다도 승진, 평가, 승격 등에 의해 좌절하거나 상처받은 구성원의 동기를 끌어 올리는 일이 결코 간단치만은 않다. 이런 일에 직면하면 내공이 높지 않은 리더들은 차라리 그 자리를 떠나고 싶어 하는 경우도 있다. 본인의 일에만 전념하고, 고충이 많은 조직과 인력관리는 그 부담을 덜어내고 싶어 하는 것이다. 실제 이러한 리더들이 심심찮게 나타난다.

그러나 모든 상황에서 다 그렇게 피할 수만은 없으니, 구성원의 동기를 끌어 올리는 리더십 역량과 기본적인 방법론은 갖추는 것이 좋겠다. 우선 조직은 효율성을 중시하는 집단이므로 가장 원칙이 되고, 가장 효과가 높은 방법을 정의해 놓고 이를 활용하는 것이 필요하다. 대표적인 것이 첫째, 적재적소 원칙을 지키는 것이다. 이를 잘 해석해 보면, 모든 인재의 역량이 다 같을 수는 없으니, 적재를 찾아서 적소에 배치 활용하는 것이다. 적재에 대한 정의도 필요하다. 적재Right People는 조직이 필요로 하는 일을 수행할 최적임자를 말한다. 원하는 일을 가장 잘 수행할 수 있는 사람이 하는데 동기부여가 되지 않을 이유가 있을까?

둘째, 역량발휘 환경을 제공하는 것이다. 적재Right People에게 부여된 도전과 성취의 기회는 코끼리와 고래를 춤추게 할 수 있을 정도로 열정을 불러일으킬 수 있다. 우수 인재에게 줄 수 있는 최고의 존중이고 업무환경인 것이다. 우리가 흔히 겪는 오류 중 하나가 도전과제를 가지고 태스크포스팀TFT, Task Force Team을 구성할 때, 적재를 활용하기보다 직급에 의해 팀을 맡기고는 한다. 물론 경험 많고 직급 높은 사람이 일을 능숙하게 잘 처리할 수도 있다. 그러나 직급은 낮지만 보다 더 적임자가 있는 경우에는 과감하게 맡겨주는 것이 그 사람의 역량을 100% 이상으로 활용하는 것이고, 도전적인 일을 통해 새로운 인재가 발굴되는 기회가 되기도 한다. 조직은 살아 있는 생명체와 같기에 하나의 생태계를 이루고 있는 것과 같아 늘 새로운 성장 동인과 에너지를 필요로 한다. 그러니 순간을 영원처럼 뜨겁게 살 수 있는 인재를 구하되, 리더는 조직의 관점에서 순환과 대체, 승계 등의 인력운영전략을 상시적으로 실행해야 한다. 이러한 것들은 멈추는 순간부터 조직은 퇴보한다. 구성원은 멈춰 있어도 시간은 계속 흐르기 때문이다. 모든 일을 조직의 성장 지속관점에서 장기적으로 보고 준비해 나가야 하는 것이 리더의 책임이다.

셋째, 구성원에게 전문역량 육성과 개발 기회를 제공하는 것이다. 조직의 구성원은 자신이 계속 성장하고 있다고 느낄 때 더욱 헌신적으로 된다. 그 기회를 계속 붙잡고 싶고 놓치고 싶지 않기 때문이다. 이러한 동기부여 기회를 리더가 조직 차원에서 성과로 잘 승화시켜 내야만이 개인과 조직이 다같이 성공Win-win 할 수 있는 기회가 되는 것이다. 역량개발이 정체되지 않고 계속될 수 있도록 개발과 활용의 기회를 지속적으로 만들어 가자.

마지막으로 제도적이고 상시적으로 성과에 따라 인정Recognition과 보상을 할 수 있게 준비하여 운영하고, 이러한 제도들이 효과성 있게 운영되도록 관리해야 한다. 더불어 인정과 보상이 반드시 금전적인 것에만 한정되는 것은 아니므로 다양한 관점에서 제도를 만들어 즉시 효과성 있게 활용되게 해야 한다.

모든 인재를 리더가 잘 관리하고 지원하는 것도 중요하지만, 효과성 있게 적재적소 전략에 집중하는 것도 탁월한 팀의 리더는 늘 염두에 두어야 한다. 모든 자원을 모두에게 고르게 투여하는 것은 자원의 선택과 집중의 관점에서 조직이 추구할 전략이 아니다. 분배가 공평해야 하는 것도 있지만 기회의 공정으로 선택과 집중을 통해 효율성을 높여야 하는 것도 있기 때문이다. 이제 하루에 한 명씩 전문가의 길을 묻고 답하자. 그 속에 리더와 구성원이 가야 할 길이 있다.

Self Check Point

- ☐ 팀의 인재에 대한 명확한 정의와 분류가 되어 있는가?
- ☐ 우수 인재선발기준 등 구체적인 실행 방안이 있는가?
- ☐ 직무 경험을 통한 인재육성전략과 목표가 수립되어 있는가?

팀 역량
파악하기

조직의 구조와 역량, 건전성 등이 본래의 운영 목적에 맞게 유지 및 발휘되고 있는지 확인하는 과정을 조직역량 진단이라고 한다. 이제는 1인 기업이나 소규모의 개인 연구소와 같은 작은 규모의 조직들도 보편화되었으니 세상에는 수많은 조직이 존재하고 있다고 보면 된다. 그런데 이들 조직이 얼마나 효과성을 지니고 있는지에 대한 체계적인 검토는 제대로 이뤄지지 않고 있는 것으로 보인다. 그저 문제로 나타난 몇 가지의 관점과 기능 수행을 위한 프로세스, 조직과 구성원의 성과와 역량을 부분적으로 검토해 보는 수준이었다. 그러나 앞으로는 좀 더 다차원적이고 구조화된 관점에서 조직의 역량과 건전성을 체계적이고 심층적으로 점검해 볼 필요가 있어 보인다. 조직을 하나의 객체나 목적 달성을 위한 주체로 명확히 정의해 낼 수 없다면, 조직에 대한 수많은 얘기는 사상누각이나 다름없기 때문이다.

조직역량에 대한 판단 기준을 구체적으로 세운 다음에 분석에 들어가야 한다. 먼저, 언제 조직역량을 진단해야 할까? 조직역량의 진단은 사업의 성장단계와 경영환경의 변화 그리고 조직의 성과창출 수준 등을 종합적으로 고려해 판단해야 한다. 때로는 이 시기가 되기 전이라도 조직 내부의 역량 문제가 대두될 경우에는 수시로 실시할 필요성도 있다. 최고경영진들은 조직역량 진단을 통해 팀의 성과와 역량을 진단해보고 보다 효과성 있는 팀으로 거듭나기를 희망한다. 그간의 경험과 사례들로 볼 때 팀 역량에 대한 진단은 잘 시행될 경우 그 자체만으로도 긍정적 변화에 대한 동기 요인을 구성원들에게 충분히 줄 수 있어 시행 이후의 효과성이 상당히 높은 것으로 판단한다.

팀 역량의 진단은 해당 조직의 역량 등을 필요에 따라 다양한 관점에서 요구수준과의 Gap을 확인하고, 이에 대한 달성방안을 종합적으로 검토하는 절차를 말한다. 이러한 진단의 분야는 통상적으로 조직의 구조와 의사결정 프로세스, 팀 간 기능의 적절성과 효과성, 팀 내 구성원의 직무역량과 개발, 리더십의 효과성, 조직문화와 구성원의 만족도 등 조직과 관련한 거의 모든 분야를 대상으로 하는데 그 중 대표적인 몇 가지는 다음과 같다. 첫째, 조직의 구조와 관련해서는 해당 팀과 유관 팀 간의 기능 분담 구조나 팀 간의 협력 관계, 팀의 역할과 책임R&R, Role & Responsibility과 권한 관계의 적절성에 대한 확인이 필요하다. 둘째, 의사결정 프로세스에 대한 검토가 필요하다. 이를 위해 팀 내외부의 의사결정 구조와 프로세스를 확인하고, 의사결정 수준의 적절성과

스피드, 의사결정 과정에 참여하는 구성원의 참여도 등을 확인할 필요가 있다. 셋째, 팀 기능의 효과성을 보기 위해서는 각 기능별 수행 수준의 적절성에 대한 검토와 실행에 있어 경영환경의 고려 수준 등을 확인할 필요가 있다. 넷째, 성과관리 수준과 전문역량에 대한 검토가 필요한데 이를 위해 조직과 개인의 성과 수준과 성과관리 프로세스 운영수준, 적정인원과 구조의 수준, 구성원의 전문역량 수준 등에 대해 검토해야 한다. 다섯째, 리더십에 대한 검토가 필요하다. 이를 위해 리더십 스타일과 효과성에 대한 검토, 리더십 승계체계의 운영 현황 및 후계자에 대한 양성 수준 등을 확인해야 한다. 마지막으로 구성원의 조직문화 만족도에 대해 확인이 필요하다. 이를 위해 조직문화의 특징과 구성원의 만족도, 리더와 구성원 간의 커뮤니케이션 수준과 만족도의 변화 추이 등을 볼 필요가 있다. 이러한 팀 진단 분야는 굳이 그 범위와 대상을 특정 지어서 한정할 필요는 없다. 특히 구성원의 전문역량이나 관련 부문과의 협업수준, 조직관이나 업무관 등은 팀 리더 입장에서도 정기적으로 확인하고 이에 대한 개발을 촉진할 필요가 있기 때문이다.

팀의 역량을 정확하게 파악하기 위해서는 구조화되고 프로세스화된 진단 Tool의 활용이 필요하다. 물론 대상이 되는 조직의 특성에 맞게 최적화된 Tool을 선택하는 것도 중요하나 이러한 부분은 관련 분야 전문가의 영역으로 접근이 용이하지는 않다. 이 또한 지적재산권의 보호 영역에 속한다고 볼 수도 있기 때문이고, 때로는 전문가들의 비즈니스 영역이 되기도 한다. 그럼에도 불구하고 팀의 리더에게 도움이 될만한 기본적인 접근 방법은 다음과 같다.

첫째, 진단팀을 잘 구성하는 것이다. 단면의 시각만을 가지고 들여다

보는 것은 진단 결과를 왜곡하거나 진단 분야를 극히 제한된 부분적 이슈에 한정하는 결과를 초래한다. 따라서 사업과 조직환경에 대한 이해는 물론 조직과 인력의 구조와 업무프로세스, 인력의 정원T/O, Table of Organization과 역량, 소통과 리더십, 조직문화 등 각각의 영역에서 전문 역량을 갖춘 팀을 균형 있게 구성하는 것이 좋다.

둘째, 팀이 준비되었다면 사전에 관련 조직과의 예비 미팅을 충분히 갖고 진단의 취지와 방향, 진단 분야와 예상 일정, 협조 요청사항 등을 공유하는 것이 좋다. 이러한 공개적 과정을 거쳐 접근하는 것이 비공개 진행보다 훨씬 다양한 관점에서 진단 대상을 바라볼 수 있어 효과적이다. 다만, 진단 대상자들의 보호 본능과 방어적, 회피적 성향들이 증가할 수 있는 단점은 있다.

셋째, 진단하고자 하는 분야별로 진단 포인트를 명확히 설정하는 것이 필요하다. 어디서부터 접근해야 할지에 대해 막연하다면, 가장 먼저 직무의 분담과 인력의 구성, 의사결정 프로세스 등을 확인해 들어가면 결국에는 사람과 조직문화 차원의 얘기까지 풀어갈 수가 있다.

넷째, 정기적, 상시적으로 진단하는 기능을 갖추고 이를 수행할 수 있는 전문가를 내부역량으로 운영하는 것이 좋다. 전문성이 부족한 진단의 경우 문제를 제대로 확인하기도 어려울 뿐만 아니라 제대로 된 대책이 나오기도 어렵다. 경우에 따라서는 결국 시간만 낭비하고, 조직을 혼란에 빠뜨리고, 구성원의 사기만 낮출 뿐이다. 체계적 진단은 조직의 KPI를 캐스케이딩Cascading 방식으로 전개하듯이 관련 포인트들을 하나씩 하나씩 분석해 가면서 점검해 가는 방식을 택하는 것이 놓치는 것 없이 전체를 점검해 볼 수 있어 효과적이다. 또한, 필요한 경우 외부전문가와 함께 프로세스를 진행하되, 내부역량과 관련된 사항들은 조직 내 유관부문의 전문가들과 공동으로 구성된 내부역량을 활용하는 것이 좋다. 그래야 역량의 내재화 및 실행의 연속성을 담보할 수 있다.

다섯째, 진단 결과를 분석하고, 개선대책을 수립하는 것 또한 중요한 절차이다. 진단의 결과를 해석함에 있어 가급적 계량적 접근과 해석이 필요하고 또, 그래야 상대 비교도 가능하고, 차이 Gap 확인 및 목표설정 도 명확해진다. 이상적인 프로세스를 설계함에 있어 베스트 프랙티스 Best Practice 와의 비교 설정도 가능하다. 더불어 단계별 달성 전략을 수립하여 목표 일정을 구체화하고, 이에 대한 진척과정을 주기적으로 관리하여야 한다. 개선대책의 수립 및 체계적인 변화관리를 위해서는 조직 내에 이를 전담하는 변화관리팀 또는 담당자를 구성하여 운영하는 것도 필요하다. 그래야 전체 조직에 고른 수평전개 및 역량의 균형 있는 향상을 유도할 수 있다. 이 변화관리팀은 최고의사결정권자 또는 각 이슈별 대표부서 의사결정권자의 휘하에 독립적 성격을 갖고 운영될 수 있도록 설치하는 것이 좋다. 예를 들어 팀 역량 진단팀을 별도로 구성하거나, 혁신 조직 또는 경영관리 조직 등이 체계적으로 관리 할 수 있도록 하는 것이다.

그간의 사례로 볼 때 팀 역량 진단은 과거의 문제점을 확인하고 경영환경의 변화에 맞추어 가며 대책을 세우는 수준에서 제한된 결과만을 보여왔다. 이는 문제점 위주의 진단에 한정된 역할이었다. 이제는 진단의 시선을 미래로 돌려야 한다. 리더가 성과 예측자가 될 것인지, 성과 중계자가 될 것인지는 관점을 어디에 두고 일을 하는가에 달려 있다. 과거의 흐름에서 인사이트를 얻되, 해법은 미래까지 고려한 종합적인 관점이 필요하고, 미래를 대비하여 해야 할 일들을 사전에 발굴하고 준비해 가는 것이 가장 중요한 미션이 되어야 한다. 팀 진단은 미래를 지향하는 일임을 대상이 되는 조직과 진단을 담당하는 조직이 사전에 충분히 공감하고, 진단 과정의 모든 단계에서 함께 방향과 과제를 고민한다면 가장 이상적인 성과를 기대할 수 있을 것이다.

Self Check Point

- ☐ 팀 역량에 대한 진단 영역과 목표가 명확한가?
- ☐ 팀의 무엇을 변화시켜야 할지 알고 있는가?
- ☐ 팀을 변화시킬 수 있는 역량과 스킬을 보유하고 있는가?

핵심역량
경쟁우위 지키기

T E A M   L E A D I N G

팀을 얘기하면서 전략이라는 단어를 자주 사용하는 이유는 팀이 경영활동의 주체이자 실행단위이기 때문이다. 또한, 팀의 인적자원전략에 대해 논하는 것은 그것이 팀을 구성하는 가장 핵심적인 요소이자, 성과에 가장 크게 영향을 주는 요소이기 때문이다. 전략은 조직의 목표를 가장 효과적으로 달성하기 위한 방안을 말한다. 이런 전제하에 우리는 인적자원운영에 관한 논의를 계속해 나아가야 한다.

조직은 그들이 추구하고자 하는 목표와 전략에 따라 산하에 다양한 하위 목표를 가진 여러 계층 구조의 조직 또는 구성원을 구축한다. 이 조직은 그 형태가 전통적 부과제이든 팀제이든 상관없이 각각의 조직이 기능과 직무에 따라 인력의 정원을 산정하여 배치하고, 구성원 각자에게는 담당 직무와 역할에 맞는 보상수준을 결정하여 운영한다. 이것이 일반적이고 보편적인 직무와 인적자원운영 형태이다. 그런데 탁월한 팀의 리더는 여기에 전략을 더 담아야 한다. 그래야 보다 효과적으로 조직 목표를 달성하는 인적자원운영이 된다. 전략적으로 인력의 정원T/O, Table of Organization 을 산정하여 배치하고, 직급이나 평가체계도 구성하고, 보상체계도 설계해야 한다. 이 모든 것이 그 조직의 업의 특성과 경영환경을 고려해서 설계되어야 하고, 실행되어야 한다. 남들이 운영하는 보편적인 체계가 나에게 반드시 맞는 옷은 아닐 수 있기 때문이다.

핵심역량 확보

하루가 다르게 한 치 앞도 예측하기 어려울 만큼 급변하며 돌아가는 것이 요즈음의 세상이다. 그 속에서 가장 다루기 어려운 영역이 역시 사람에 대한 일이다. 깨지기 쉬운 도자기처럼 소중히 정성 들여 살피며 가야 한다. 그런 전제를 가지고 깊이 성찰하며 인적자원운영에 관한 고민을 하는 리더가 되자. 아울러, 요구수준에 맞는 적재Right People 는 부족하고 보통수준의 인재만 넘쳐나는 경우가 있다. 인적자원운영에 장기적인 전략이 없고, 실행의 계획성이 없기 때문에 사업 운영에 필요한 인재가 부족하게 된 것이다. 앞을 내다보고 전략적 인적자원운영 차원에서 미리 준비해야 할 것들이 많다. 예를 들어 조직의 핵심역량을 정의하고 이를 가장 성공적으로 수행해 낼 역량을 갖춘 사람을 확보하고 육성하고 유지하는 일이나, 조직의 공석에 대비하여 후계자를 사전에 계획적으로 육성하는 일이나, 최적화된 최소 규모의 인원으로 업무를 운영하기 위해 여러 가지 일을 주기적으로 돌아가면서 해보게 해서 미리 다기능 인력Multi Player 으로 양성하는 일 등이 그것이다. 평소에 생각하고 있는 일인데 시간도 많이 걸리고 어쩌면 하지 않아도 당장은 표가 잘 나지 않는 일들일 수도 있다. 전략과 의지와 의도를 가지고 실행하지 않으면 안 되는 일들이다. 이러한 일들은 인적자원의 효율성 측면만이 아니라, 조직이 목표를 달성하는 데 있어 반드시 뒷받침되어야 하는 일들이다. 시간과 여력이 되고, 인적자원이 풍부할 때만이 할 수 있다고 미룰 수 있는 일들도 아니다. 조직 내에서 충분히 검토되고, 상시 효과적으로 운영되고 있지 못하다면 지금 바로 준비하는 것이 안목이 있는 리더이다. 우리가 이런 얘기들을 전략의 차원에서 다뤄야 하는 이유는 앞서 얘기했듯이 자원운영의 효율성과 지속 가능성의 추구가 조직의 본질이기 때문이다. 또 조직의 목표 달성을 위해서는 반드시 필요한 일들이고, 리더가 사업전략과 경영환경에 대한 이해를 바탕으로 그 역할을 효과적으로 감당해야 하기 때문이다.

조직의 최고경영자가 느끼는 가장 큰 애로사항 중 하나가 바로 사업을 성공적으로 수행할 인재Talent를 확보하고 운영하는 것에 대한 것이다. 그 일을 일선에서 수행하는 사람이 바로 각 부분의 리더이다. 팀의 리더가 최고경영자가 가장 중요하게 여기는 핵심이슈를 충분히 공유하지 못한다면 그 역할을 다하고 있다고 할 수 없다. 이러한 인적자원운영에 관한 이슈는 대부분 사업 환경과 경영전략에 기반한다. 어떤 환경이고 전략인가에 따라 자원의 선택과 집중, 준비와 실행의 방법과 수준이 달라진다. 통상적이고 일상적인 운영수준의 직무와 그에 대한 인적자원의 확보, 육성에는 그리 오래 시간이 걸리지 않는다. 그러나 사업을 좌지우지할 정도로 핵심역량을 지닌 핵심인재에 관한 이슈는 결코 단기간 내에 해결할 수가 없다. 최소한 3~5년, 길게 보면 10년 이상의 중장기관점에서 준비하고 운영되어야 한다. 나에게 필요한 인재는 경쟁자에게도 필요한 인재인 경우가 많다. 이것을 성공적으로 수행하는 것이 팀 리더의 역량이고 역할이 되어야 한다.

전략기반의 인적자원운영 사례에는 대표적인 것이 운영 효율의 관점에서 조직과 인력을 핵심역량 위주로 전문화를 한다든지, 조직과 인력을 소수정예화하여 전문가집단을 구축해 내는 것 등이 있다. 소수정예화의 대표적인 형태는 전문가 조직을 말한다. 고도의 전문성을 지닌 전문가와 실무자가 최소한의 계층 구조와 인력 규모로 하나의 팀으로 구성되어 있고, 단순 반복적이거나 비핵심 지원역량은 중앙 집중화, 또는 외주화하여 인력의 활용 수준을 높이고 있는 조직의 형태이다. 또한, 비핵심역량은 과감하게 외부자원 Outsourcing 활용을 검토함으로써 핵심역량 중심의 조직이 될 수 있다. 이러한 과제들이 잘 추진되면 조직은 몸집이 작고, 가벼워지고, 환경에 유연하게 적응할 수 있으며 실행력과 환경 적응력이 빨라진다. 이러한 조직을 애자일 Agile 조직이라고도 한다. 조직은 이처럼 핵심역량이 사전에 준비되어 있어야 환경과 전략의 변화에 기민하게 대응할 수 있다. 조직이 영위하고 있는 기존사업의 영역에서 경쟁이 격화되고 사업이 성숙단계에 있는 경우라면 더더욱 준비를 서둘러야 한다. 리더가 깨어 있어야 사업과 구성원이 방향을 잡고 나아갈 수 있다. 전쟁에서 승리하기 위해서는 경영환경의 변화에 늘 깨어 있고, 준비되어 있어야 한다.

핵심역량 승계

경쟁 구조의 재편과 인력 구조의 변화로 핵심역량의 조직 내 유지와 승계에 대한 체계적인 관리의 필요성이 더욱 높아지고 있다. 고도로 전문화된 경험 인력의 성숙된 전문성이 팀 내에 승계되는 프로세스를 구축하여 인력의 유동성과 세대 간의 단절적 변화로부터 조직의 지속 가능성을 확보하는 것이 더욱 중요하기 때문이다. 여기에서 리더가 할 일이 또 하나 있다. 차세대를 이어갈 리더를 발굴하고 육성하는 일이 그것이다. 그러나 많은 조직의 리더들이 후계자Successor를 발굴하고 육성하는 것에 관심이 낮다. 팀 리더들이 자신의 자리를 지키기 위해 그러하다면 상위 리더나 조직은 이를 업무로 삼고 실행해야 하는데, 아쉽게도 이러한 체계를 갖추고 운영하는 것에 소홀한 것이 현실이다. 이는 아직은 우리 조직의 정서가 살아 있는 권력과 다음 세대의 권력이 공존하기 어려운 측면도 있기 때문일 것이다. 그러나 승계계획Succession Plan은 조직의 지속 가능한 발전을 위해 반드시 필요하다. 여러 이유로 리더의 교체 등 변화가 생긴다 하여도 조직은 충격 없이 돌아가야 한다. 조직이 사람에 따라 좌지우지되어서는 안 된다. 조직은 시스템적으로 돌아가야 하고, 항상 준비된 후보자가 계획되어 있어야 한다. 그래야 전략 실행의 연속성을 확보할 수 있고, 사람은 바뀌어도 조직은 목표를 달성해 낼 수 있다. 이를 계획적으로 실행하지 않으면 극단적으로는 조직의 사유화까지도 갈 수 있다. 후계자를 체계적으로 육성하기 위해서는 여러 다양한 방법들이 논의될 수 있는데 대표적인 것이 계획적인 직무 순환과 도전적인 과제 부여이다. 이를 통해 성과와 역량을 검증하고 평가하고 육성해야 한다. 아울러 리더십에 대한 전문적인 지식과 노하우Knowhow도 체계적으로 전달하여야 한다.

이처럼 팀이 지속 가능성을 유지하기 위해서는 조직의 핵심역량을 계획적으로 승계 및 관리하는 활동이 반드시 필요하다. 특히 앞으로의 고용환경이 직장에서 직업 중심으로, 범용적이고 보편적인 인재의 채용 후 육성 활용 중심에서, 전문역량을 지닌 경험 인재의 선별적 채용 중심으로 변화함에 따라 인력의 유동성이 높아질 것이므로 이에 대한 대비가 필요하다. 특히 스타트업이나 중소, 중견 기업의 경우처럼 인력의 유동성이 높은 조직에서는 더더욱 그러하다. 이를 위해 크게 보면 많게는 5~8단계 정도의 관리체계를 구축하는 과정이 필요한데, 이들의 상당 부분은 리더의 전문성 영역이므로, 구축에서 활용까지를 염두에 두고 내부역량으로 확보해 가는 것이 반드시 필요하다. 통상 외부전문가와의 협업으로 체계를 준비하고 이 과정에 팀의 리더가 적극 참여하여 운영 역량을 확보해 가면 좀 더 수월하게 프로세스 고도화에 대한 접근이 될 수 있을 것이다.

핵심역량 승계체계 구축을 위해서는 먼저 조직 내 핵심 포스트에 대한 규명이 필요하다. 이것은 조직의 경쟁력을 위하여 무엇을 확보하고, 지킬 것인가의 문제이다. 이 핵심 포스트는 후보군으로 조직 내에 다수가 있을 수 있는데, 경영상 전략적 필요도와 핵심역량의 중요도 관점에서 다차원으로 평가하여 선정하면 된다. 핵심 포스트가 선정되면 다음으로 이에 대한 역량을 규명하고 정의하는 역량 모델링 Modeling 을 해야 하는데 이때는 요구되는 역량이 무엇인지를 파악해야 한다. 다음으로 핵심 포스트에 대한 승계자 후보군을 구성하는 것이 그다음으로 해야 할 일이다. 이후 요구수준과 현재의 후보군과의 역량의 차이 Gap 를 확인하는 절차가 필요하다. Gap이 확인된 다음에는 이를 극복하기 위한 역량개발계획을 수립하여 운영하고, 과정과 결과에 대한 성과 평가 및 피드백 과정을 전략적으로 운영해 가면 종합적인 승계체계의 완성이 될 수 있을 것이다.

이러한 과정에서 중요한 것은 핵심 포스트가 사람을 중심으로 선정되면 안 된다는 것이다. 이 경우 자칫 특정인을 위한 포스트 선정이 될 수 있어서 팀의 핵심 경쟁력과 공정성의 본질을 왜곡하게 되고, 그 결과물도 미래지향적이 되기 어렵게 될 뿐만 아니라 조직 구성원 간의 발전적 경쟁체제도 무너뜨리게 된다. 핵심 포스트 선정이나 역량 모델링이 잘 이루어진다면, 객관적으로 인적자원의 현주소를 비교 판단 해볼 수도 있고, 정원 T/O 에 대한 규명도 가능해진다. 이로 인해 조직에서의 인적자원 활용도가 높아져 남는 역량은 재배치 활용을 할 수도 있고, 부족한 역량은 팀 외부시장에서 채용 또는 내부시장에서 전환배치 활용도 가능하다. 이렇듯 인력운영의 기준이 될 수도 있다. 이러한 것을 역량기반의 전략적 팀 인적자원운영이라고도 한다. 이상과 같이 팀의 관점에서뿐만 아니라 리더의 관점에서도 조직이 효과적으로 목표를 달성해 가려면 자신의 조직에 필요한 핵심역량을 정의하고 이에 맞춰 미래와 현재 관점에서 인적자원운영을 고민해 갈 수 있을 것이다. 이것은 지금까지와 같은 HR만의 영역이 아니라 HR과 팀의 리더가 함께 고민하고 해결해 가야 할 문제들이다.

위에서 얘기한 것들을 단계별로 정리해 보면 1) 핵심 포스트 정의, 2) 역량 모델링, 3) 승계후보군 선정, 4) 역량에 대한 다면진단, 5) GAP 분석, 6) 인적자원운영 계획 및 역량개발계획 수립, 7) 실행 및 과정관리 8) 성과 평가 및 피드백 등의 과정이 된다. 이제 더 이상 감感에 의해 하는 리더의 인적자원운영은 그만해도 될 때가 되었다. 비정형을 정형화하고, 암묵지를 공식화하여 투명하고 공정하게 관리하는 노력이 필요하다. 이외에도 구성원의 단절적 변화로부터 팀 핵심역량의 계획적 승계와 관리를 위해 리더가 해야 할 일이 많다. 조직은 고경험자들의 지식과 경험을 조직 내에 안정적으로 전수시키는 프로세스를 구축해야 한다. 이를 위해 적어도 퇴직 2~3년 전에는 후임자를 지정하여 전문성을 전수토록 하고, 주기적으로 리더들은 이를 점검하고 확인해야 한다. 또한, 은퇴 이후에도 필요한 경우 전문성을 활용할 수 있는 장치를 마련해 두는 것이 좋다. 고문이나 자문역, 계약직 등 다양한 형태로 우리 조직의 특성을 충분히 이해하고 있는 그들의 전문성을 활용할 수 있다면 이보다 좋은 것이 없다. 전문가의 세계에서 은퇴란 없다. 은퇴를 앞두고 있는 경우라면 그간의 경험을 살려 후배들 양성하는 역할을 부여하고, 독립적으로 수행할 수 있는 과제를 부여하여 꾸준히 그 경험을 살릴 수 있도록 하는 것도 좋은 방법이다. 때로는 조직생활에 대한 훌륭한 상담자가 될 수도 있다. 그들은 인생의 충분한 경험을 가지고 있고, 조직생활도 오래 한 선배들이기 때문이며, 고성과팀에 필요한 소중한 경험 자산을 가지고 있기 때문이다.

☐ 팀의 핵심역량을 규명하고 있는가?

☐ 핵심역량의 현 수준과 요구수준의 차이를 파악하고 있는가?

☐ 팀의 구성원이 핵심역량과 연계 분석되어 있는가?

경력개발
어떻게 할 것인가?

T E A M   L E A D I N G

　"눈 덮인 들판을 걸을 때 그 걸음 어지럽게 하지 마라. 뒤에 오는 후인들에게 이정표가 된다"라고 했던 선인 서산대사의 얘기가 문득 떠오른다. 미래와 진로에 대한 고민은 사회 초년생뿐만 아니라 조직생활의 경험이 쌓이고, 나이를 먹어갈수록 꿈과 진로에 대한 고민이 더 많아진다. 왜일까? 살아온 길에 대한 결실의 절박함이나 조급함 때문일까? 아니면 급변하는 환경 속에서 또 한 번 변화의 시기를 맞이하고 있다는 두려움 때문일까? 리더로서 미래를 고민하는 구성원에게 어떤 길을 얘기해 줄 수 있을까? 용기 있는 선택에 대해 생각을 나눠보기로 한다. 궁극의 경력개발은 뒤를 돌아보았을 때 인생에 있어서 예술 Art이 되어야 한다. 뜬금없이 예술이 나와 이상하겠지만, 그 정도로 성공적으로 잘 준비된 변화가 실행되어야 한다는 말이다. 모든 원하는 것을 다 할 수도 없고, 많고 다양한 경험이 꼭 도움이 된다고 할 수도 없다. 그래서 판단의 기준은 주된 경력의 흐름에 도움이 되는 경험과 변화여야 한다는 것이다.

일의 미래

국내에서 분류하는 직업의 종류는 1만여 개가 넘는다. 지금 이 순간에도 수많은 직업의 유형이 탄생하고 사라진다. 새로운 기술은 기존에 우리가 가지고 있던 직업의 질서를 완전히 바꿔놓을 것이다. 한 사람이 한 직장에서 평생 근무하는 평생직장의 개념도 점차 사라져 가고 있다. 새로운 기술과 지식은 새로운 산업을 태동시키고 있고, 기존의 산업 질서들은 영역의 경계가 무너지고 새로운 산업이 태동하고 있다. 경쟁 상대의 정의도 달라지고 있다. 기존에는 동일한 영역 내 동일 가치를 추구하는 상대이거나 대체제가 경쟁의 상대였으나, 앞으로는 전혀 새로운 곳에서 새로운 가치가 태동하여 경쟁의 원천을 바꾸어 버린다.

인구 구조의 변화도 직업의 미래를 예측하기 어렵게 만들고 있다. 새로운 양질의 노동력이 계속 공급되어야 하는데 인구의 유입은 줄어들고, 노동력은 고연령화되어 가고 있다. 노동력을 필요로 하는 산업의 존립기반이 흔들리고 있는 것이다. 어떤 직업이 사라지고 어떤 직업이 미래가 있을까? 우리는 미래 직업의 변화에 직면하여 어떤 준비를 해야 할까? 산업과 인구 구조 변화의 속도와 현실을 고민해야 할 시기다. 특히 미래 사회의 주축이 될 세대는 직업 환경의 변화에 대비해야 한다. 어떤 사람이 변화에서 살아남을까? 변화에 앞서 변신을 준비하여 다가오는 기회를 잡는 사람이 살아남는다. 변화에 적응하는 것만으로는 이제는 늦다. 변화의 속도가 매우 빠르기 때문이다. 불과 15미터의 거리에서 날아오고 있는 야구공의 구질을 공이 던져진 이후에 읽고 근육을 움직여 볼을 쳐내는 선수는 없다. 아무리 뛰어난 선수도 거의 불가능에 가깝다. 타율이 좋은 선수는 상대방의 패 투구습관과 패턴, 전략 를 읽고 근육을 미리 준비해 놓았다가 원하는 공을 골라 때려낸다. 이것이 변화에 앞선 변신이고, 변화를 넘어설 준비를 하는 것이다.

최근 연구자료들에 의하면 4차 산업혁명 등으로 인해 위협받는 일자리가 꽤 많다. 예를 들자면 자율주행이 위협하는 운전기사나, 인공지능에 의해 대체될 반복적 사무관리업무 등이 대표적인 것들이다. 심지어는 의사나 약사도 기술에 의해 대체될 위험성이 높게 나타난다. 물론 그 시기를 섣불리 특정할 수 없고, TV가 라디오나 신문을 완전히 대체하지 못한 것처럼 나름의 필요와 존재 이유를 찾아갈 수도 있다. 문제는 직업 환경의 변화를 예측해 보고 미래 새로운 영역을 선제적으로 찾는 고민을 해야 한다는 것이다. 어렵게 첫발을 내디딘 직업이 산업 환경의 변화로 지속성과 안정성이 떨어진다면 그 또한 어려운 일 아니겠는가? 이처럼 고령화와 인구절벽시대에 직면하게 될 이슈들에 대해 국가 차원에서 많은 연구가 필요하다.

새로운 직업의 출현과 사라지는 직업들에 투입된 노동력의 유동성에 대한 대책도 고민해야 한다. 부족한 노동력을 효과적으로 활용하기 위해 고용형태의 다변화, 유연화를 기하고, 고용이 정규직, 평생직장처럼 전속되는 환경도 바꾸어야 한다. 이 시대의 리더들은 무엇을 준비해야 할까? 우선은 시대를 관통할 수 있는 통찰력을 기르는 것이 필요하다. 그래야 변화에 대비하여 조직과 자신이 변신을 준비할 수 있다. 다음으로 전문성을 높여야 한다. 자신만의 킬러 콘텐츠가 없는 사람은 더 이상은 경쟁력을 유지할 수 없다. 앞서 고용형태의 다양화 유연화가 초래할 미래에는 한 명이 자신의 전문성을 바탕으로 여러 개의 직장을 다니게 된다. 직업에 대한 시간과 공간의 물리적 제약도 없다. 노동력의 부족이 가져올 변화된 모습들이다. 현재처럼 한곳의 직장 안에서 비슷한 일을 하는 사람과의 경쟁은 더 이상 의미가 없다. 미래를 앞서 이끌어온 리더들의 사례를 보자. 모두가 새로운 생태계를 창조해 내고, 그 안에서 새로운 역사를 만들어 냈다.

전문가의 길

조직생활을 해온 지 이미 수년이 흘렀는데도 여전히 자신의 진로에 대해 고민하는 구성원들이 많다. 이는 개인의 적응 문제도 있겠지만 조직이 필요로 하는 일을 부여받은 모두가 다 자신의 전문영역으로 생각하지는 않기 때문이다. 누구나 또 모든 조직이 겪는 과정이다. 이 과정에서 무엇을 고민해야 하고, 구성원의 판단에 대해 팀의 리더는 무엇을 지원할 수 있는지 생각해 보고자 한다.

우선, 진로 탐색은 그 자체가 대단히 고민스러운 일이다. 자신의 준비 정도와는 상관없이 그 자체가 도전이며, 극복하고, 경쟁해야 할 대상이다. 특히나 자신의 영역과는 전혀 새로운 차원에서의 도전도 때에 따라서는 발생한다. 모든 상황이 내가 선택할 수 있으면 좋겠지만 자의 반, 타의 반으로 선택의 상황에 내몰리기도 한다. 미래 조직에서는 더 더욱 그러하다. 조직 내에서 자신의 역할과 위치는 조직의 필요에 따라 선택되는 것이기 때문이다. 이것을 전문성에 대한 시장의 가치로 이해해도 별 차이는 없을 것 같다. 중요한 것은 얼마만큼 준비되어 있느냐이고, 어느 정도나 전략적 판단 위에서 효과적으로 실행하느냐이다. 또 이런 고민을 하는 구성원을 리더는 어떻게 관리하고 지원할 것인가에 대한 나름의 고민도 필요하다. 우선 리더나 조직의 입장에서 보면 조직 내 직무와 구성원의 운영이 늘 최적의 상태를 유지하기란 대단히 어려운 일이다. 즉 조금 부족한 상태이거나 적게라도 여력이 생기는 상태하에 있을 가능성이 높다. 경우에 따라서는 직무의 폐지나 팀의 개편으로 상당수 인력의 재배치가 필요한 경우도 있다. 이 경우 개개인의 전문성에 대한 고민을 하지 않을 수 없다. 특히나 팀 리더의 입장에서 자원의 최적 운영과 구성원의 전문성 충족 측면에서의 괴리에 대한 고민이 생기게 된다. 가장 먼저 고려해 주어야 할 부분이 개인의 성장과 비전 관점이다. 모든 경우에 다 만족하기는 어렵지만 최대한의 고려가 그나마 가장 원만한 타협점을 찾을 수 있다.

다음으로 기존 전문성의 확장 가능성 또는 넓게 보유하고 있는 전문성의 세분화와 심화 관점에서 검토가 필요하다. 철저히 개인의 만족 관점이 될 수는 없지만 그래도 그간의 성장 과정과 전문성을 배경에 두고 조직과 개인이 절충하는 방식이다. 이를 준비하는 개인 차원에서도 전문성의 재검토에 대한 현실을 받아들이고 함께 고민을 시작해야 한다. 많은 사례들이 이러한 조직 내 전문성의 조정과정에서 불협화음들이 발생한다. 이를 최소화하는 것은 리더의 세밀하고 적절한 지원도 있겠으나 개인의 마인드셋의 변화도 필요하다. 개인의 입장에서 보면 전문성을 유지하는 것이 매우 중요하다. 그러나 반드시 자신의 전문성에 근거하여 확장 또는 심화를 원한다면 다음 몇 가지를 고려하여 스스로 준비해야 한다. 결과는 오로지 자신만의 판단의 몫이다. 주변 사람들은 언제나 지원 또는 응원자에 불과함을 잊지 말자.

우선 전문성의 확장을 원한다면 자신의 전문성이 경쟁력이 있어야 한다. 어디에 내어놓아도 탁월해야 하고, 적어도 해당 조직 내에서는 독보적이어야 한다. 그렇지 못하다면 아직 보충해야 할 부분이 많다는 얘기다. 상황에 따라서는 조직 내에서 더 이상 해당 전문성의 필요가 없게 되는 경우도 있다. 이 경우 반드시 새로운 직무 전문성을 갖추어야 할 수밖에 없다. 아니면 필요로 하는 조직으로의 이동을 전제로 한 선택이 필요하다. 인생이 반드시 한 조직에 모든 것을 걸어야 하는 것만은 아닌 것 같다. 확장성의 관점에서 좀 넓게 보고 평소에 관심을 두는 것도 필요하다. 전문성의 심화나 집중화의 경우에도 마찬가지다. 팀의 인적자원운영이 직무를 기반으로 보다 발전하다 보면 팀 내 전문성의 활용 수준이나 방법도 달라질 수밖에 없다. 지금까지는 조직의 인적자원운영이 조직 주도의 양성 활용에 비중을 두어왔다. 그러나 앞으로는 직무기반 운영이 확대되면서 이러한 인적자원운영전략의 변화가 불가피해질 전망이다. 즉 지금까지는 전문성의 범위를 넓게 해석하고 있었고, 조직 내에서 범용적인 인재활용 중심이었다면 앞으로는 스페셜리스트Specialist 관점에서 반드시 필요한 전문성은 심화하고, 보편적인 전문성은 부가가치가 낮은 전문성으로 분류되어 굳이 조직 내에서 내재화하지 않아도 되는 상황으로 변해갈 것이다. 따라서 적어도 전문가로 조직 내에서 그 가치를 더욱 인정받고 유지되길 원한다면, 자신의 분야에서 특화된 최고의 전문가로 자리매김할 수 있도록 각자가 자신만의 전문성 패키지를 갖추어야 한다.

팀에서의 전문성은 그 지식과 경험이 독보적 가치가 있고, 다른 사람과 비교했을 때 강점과 비교우위 전략이 분명한 경우에 더욱 존재감이 있다. 아울러 조직생활은 그 기간이 유한하고, 긴 인생 중 가장 중요한 시기임에 틀림이 없다. 그러나 조직생활 그다음의 연속성도 준비해야 한다. 모든 시작에는 끝이 항상 존재하고, 모든 끝에는 반드시 새로운 시작이 존재한다. 때문에, 개인의 전문성이 중요하다. 나의 전문성은 내가 스스로 내려놓기 전까지는 상대적 수준의 차이는 있을지언정 유효해야만 한다. 심지어 다음 이후까지 전수도 가능해야만 한다. 전문성에는 끝이 없다. 조직생활을 하며 가장 중요하게 여겨야 할 부분이 전문성이고, 이에 대한 확장과 심화는 조직의 필요와 개개인의 선택에 의해 결정된다. 이 가치가 구성원에게 살아 있는 경쟁력 있는 팀, 지속 가능한 팀이 될 수 있다.

자신의 강 · 약점 바로 알기

구성원의 경력개발계획이란 팀 리더의 관점에서는 인적자원의 활용 및 확장 가능한 조직역량개발계획이라고 정의할 수 있다. 이를 구성원의 관점에서 보면 개인의 경력개발이나 직무개발계획이다. 구성원이 도전적인 경력개발을 목표로 하고 있다면 먼저 자신에게 간단한 질문을 던져보자. 1) 뜻하는 길이 미래에 대해 가슴 뛰는 분야인지?, 2) 새로움과 배움에 대한 기대가 얼마나 즐거운지?, 3) 이 길에 인생을 걸어볼 만한지?, 4) 그 길을 동료와 후배들에게 추천할 만한지?, 5) 5년 후, 10년 후에도 자신의 경쟁력을 유지할 수 있는 분야인지? 이상의 질문들에 답이 어느 정도 된다면 다음으로 자신의 강·약점을 분석해 보자. 일반적으로 경영에서 많이 사용하는 방법 중 SWOT분석 기법을 개인화해서 활용해 본다면 유용할 것 같다. SWOT분석은 자신의 강·약점을 바탕으로 기회요인과 위협요인을 분석하는 방법이다. 자신의 가치를 판매한다고 생각하고 분석해 보자. 수년 전부터 진로 환경과 구직시장이 어려워지고 실업률이 개선될 기미가 보이지 않으면서 요즘 자신감을 잃어가는 이들이 많다. 비록 지금은 힘들지만 자신의 소중한 가치와 자존감을 내려놓지 않아야 한다. 도전하다 보면 기회는 온다. 미래가 없다고 자조 섞인 얘기를 하는 경우도 종종 들린다. 포기하지 않는 한 기회는 있다. 앞으로의 사회는 정보 독점권이 점점 줄어들면서 좀 더 기회의 공정성이 확대되는 방향으로 발전할 가능성이 높기 때문이다. 자신에 대한 강·약점을 분석하고 난 다음에는 "어디로 갈 것인가?"에 대한 방향을 정해야 한다. 이를 위해 진로와 관련된 환경도 짚어보고, 제반 지표들의 변화 흐름도 점검해 보자. 내가 가고자 하는 방향에 대한 관심의 끈을 놓지 말자. 적어도 원하는 바의 길에서 비즈니스 생태계의 흐름과 경쟁 환경의 변화, 핵심 경쟁력의 변화를 확인하자. 부분적 스펙에 과몰입하지 말고, 정말로 하고 싶은 일에 대한 갈증에 집중하자. 원하는 방향과 관련된 경험과 의지를 바탕으로 전문성의 범위와 깊이를 확장하고, 심화할 수 있는 선택을 하는 것이 중요하다. 그다음 기회가 찾아올 것이다. 다가온 기회를 잡기 위해서는 나의 길에서 탁월함이 있어야 한다. 이제는 보통도 내놓기 어려운 뉴노멀New Normal의 시대다. 시야를 넓혀서 통찰의 눈을 뜨면, 4차 산업과 AI 등으로 인해 새로운 질서가 태동하고 있는 시대에 분명 가능성이 보일 것이다. 지금은 경쟁의 원천이 바뀌고 있는 시대다. 과거에는 없던 차원의 새로운 산업들이 태어나고 있고, 동종의 업 내에서의 경쟁 관계가 이제는 전혀 다른 업과의 경쟁 관계로 바뀌고 있다.

Blue Ocean에서 기회를 찾든지, Red Ocean에서 핀셋으로 콕 집어서 기회를 만들 수도 있다. 생태계가 재편되는 지금이 새롭게 시작하는 데 최적기이다. 리스크 테이킹Risk Taking을 통해 도전의 기회를 만들고, 자신을 강하고 민첩하게 해주는 전문성과 역량의 특화도 과감하게 추진해야 한다. 조직에서의 일반적 경력개발CDP은 직무 간 부문 간 순환이나, 전문성의 심화 또는 확장 등의 성장 경로를 선택할 수 있는 트랙Track을 말한다. 그러나 조직과 리더의 관점과 개인 관점의 충돌도 발생하는 경우가 있어, 리더가 중심이 되어 이해관계의 조화Balance를 위한 현실적으로 소통이 필요하다. 경력 경로에 대한 고민과 마주하여 자신에게 한 번 더 질문을 던져보자. 1) 무엇을 추구할 것인가?, 2) 나의 가치 판단의 기준은 무엇인가?, 3) 나의 삶에서 추구하는 가치가 어디에 있는가?, 4) 가슴 설렘이 어디에 있는가?, 5) 나의 전문성이 어디에 있는가? 삶에서 당연하게 나에게 주어지는 것은 없다. 인생에 있어 중요한 변곡점과 의사결정의 적시성 이슈에 대해서도 함께 생각해 보자.

우선 장기적인 방향과 목표가 준비되었다면 다음은 그것을 단계적으로 끊어서 10년, 5년, 3년, 1년씩 접근해 보자. 그러면 지금 무엇부터 해야 하고, 앞으로 어느 시기에 무엇을 해야 하는지 가늠을 해볼 수 있다. 다만 이 역시 그저 예측일 뿐임을 명심하자. '변하지 않는 것은 변하지 않는 것은 없다'라는 사실 하나뿐이다. 이제 결정을 해야 할 단계다. 당신에게 가장 중요한 의사결정 원칙은 무엇인가? 의사결정 시 어떠한 기준과 프로세스를 가지고 있는가? 자신에게 질문해 보기 바란다. 아울러 중요한 의사결정을 할 때는 반드시 내부관점과 외부관점을 균형 있게 유지하는 것이 중요하다 대니얼 카너먼, 노벨경제학상 수상자. 내부관점 Inside View은 자신의 현재 상황이나 기존 역량에 기반해서 판단하는 것을 말하고, 외부관점 Outside View은 울타리 밖의 유사한 사례나 통계에 근거하여 사안을 재점검하는 것을 말한다. 예를 든다면 해당 산업의 시장 동향이나, 관련된 타 산업의 매출지표 등이 있을 것이다. 이러한 관점의 조화는 특정사안을 자신에게 유리하게만 해석하는 오류를 예방해 줄 것이다.

무엇을 해야 하는가?

이제 가고자 하는 방향을 세웠고, 이에 대한 검토를 마쳤다면 다음은 무엇을 어떻게 준비해야 할까? 그 첫 번째가 자신만의 경쟁력을 확고히 하는 것이다. 솥정鼎 자의 원리에 따라 전문성의 기둥은 외발보다는 두 발이나 세 발이 좋다. 그래야 통합, 확장, 연계성을 기반으로 안정적으로 변화를 고려할 수 있다. 경력도 마찬가지로 자신의 주된 분야와 관련된 경력을 쌓는 것이 좋다. 하이브리드Hybrid형 인재 또는 멀티플레이어형 인재가 확장성에 이점이 있다. 전문성의 확장성을 갖추고 있으면 분할과 통합의 트리즈TRIZ 발명원리가 경력개발에서 적용될 수도 있다. 전문성의 확보와 확장을 위한 계획을 세우고, 쓸모 있는 경력과 버리는 경력을 냉철하게 판단하여 정리하는 것이 좋다. 조직 변화와 개인 변화에 대해 방법론 측면에서 보면 크게 차이가 없다. 혁신기업의 변화 사례를 보고 참고해 보자. 원인이 없는 결과는 없다. 오로지 스스로 책임 있는 삶을 사는 것이 중요하다. 바보스럽게 우직하게 갈망하고 실천, 또 실천하자. 최근 국내 주요기업들의 신규인력 채용 방식은 과거 공채 후 직무배치 중심에서 직무기반의 상시채용으로 변화하고 있다. 심지어 국내 L사와 C사의 스펙을 배제한 채용이 화제가 된 적도 있다. 결국, 전문성에 대한 준비와 잠재력에 대한 검증을 통해 인재를 발굴하여 채용하겠다는 것이다. 전문 분야와 관련해 관심 기업과 분야의 최신 트렌드에 관심을 갖고 국내외 각종 조사 연구기관들이 발표하는 자료들에서 수시로 변화의 흐름을 얻자. 특히, 이러한 내용을 영상자료나 프레젠테이션 자료로 요약한 것들을 가지고 반복적으로 따라 하다 보면 어느새 변화의 어젠다에 다가서 있는 자신을 발견하게 될 것이다. 현재의 삶과 기회를 관점에 따라, 경력을 쌓는다고 생각하고 길게 보면 시간이 금방 가고, 단순히 생계를 위해 직장 생활을 한다고 생각하면 시간이 잘 안 간다. 샐러리맨들의 보편적인 현실이다. 때문에, 길게 보고 경력단계를 잘 구성하는 것이 중요하다. 스타트업은 늘 생존의 기로에서 치열하게 고민한다. 1인 연구소나 1인 기업은 새로운 콘텐츠와 흐름에 갈망한다. 우리는 지난 시간 속에서 수없이 태어났다 사라진 조직들을 보아왔다. 나아갈 목표를 명확히 하고, 실행력을 높이자. 우물쭈물하다가 결국에 후회하는 과오는 범하지 말자조지 버나드 쇼의 묘비명. 가끔 미래의 관점에서 현재를 바라보자. 직업의 미래도 생각해 보고, 미래 기술의 관점에서 미래 사회의 변화도 상상해 보자. 더 나아가 나 자신의 은퇴 후 미래도 생각해 보자. 존경하는 고려대 강수돌 교수님의 삶과 가르침이 생각난다. 인생은 속도가 아니라 방향이다! 이제 다시 3개의 질문을 자신에게 던져보자. 1) 가고자 하는 길이 미래에 대해 가슴 뛰는 분야인가?, 2) 인생을 걸어볼 만한가?, 3) 관심 분야에 동료나 후배들을 추천할 만한가? 열정과 성취의 순간을 가슴에 담고 살자! 어느 방향으로 배를 몰아야 할지 모른다면 어떤 바람도 결코 순풍이 아니다세네카, Seneca, 로마시대 철학자.

⌐ Self Check Point

- ☐ 자신의 강 · 약점을 명확히 알고 있는가?
- ☐ 자신의 경력개발 방향이 명확하게 세워져 있는가?
- ☐ 매일의 일상에서 목표를 향한 실행력을 유지하고 있는가?

제3장

변동의 원칙:
제도와 시스템

- 팀을 움직이게 하는 것들
- 평가에 대한 두려움과 용기
- 보상 경쟁력 높이기
- 예측 가능성에 집중하자!

High
Performance
Team

변동의 원칙 Principle of Change

재화의 가치는 그 형성 요인의 변화와 상호 인과관계가 결합된 흐름인 변동의 과정
에서 형성된다(시사상식사전). 제도와 시스템은 팀의 목표 지향성에 결정적 영향을 미
치고, 구성원이 팀을 선택하는 데 판단기준이 되기도 한다. 리더십은 제도와 시스
템의 효과성에 영향을 미치고, 구성원의 관점에서는 조직 공정성 인식의 핵심 요소
가 되기도 한다. 이 중 평가나 보상 등은 팀 및 구성원의 성과 수준과 연동성을 가
질 때 더욱더 효과적이다. 이러한 제도와 시스템은 대체로 정기적 운영의 성격을
가지며, 그 결과는 수년간 반복되어 변동이 누적됨으로써 장기적으로 구성원의 성
장과 보상, 팀의 성과 지속성에 영향을 미친다. 따라서, 예측 가능성에 대한 리더의
관심과 관리가 특히 중요하다.

팀을 움직이게
하는 것들

T E A M   L E A D I N G

조직과 제도

조직이란 달성하고자 하는 특정한 목적과 필요에 따라 구분해 놓은 기능과 업무 권한의 집합체라 할 수 있고, 제도는 조직이 본연의 목표 달성을 위한 역할을 수행함에 있어 필요한 구성원들의 역할과 평가, 성과에 대한 보상 등을 규정한 것이라 할 수 있다. 우리는 리더가 조직의 성과에 미치는 영향이 절대적임을 그간의 여러 논의를 통해 확인할 수 있었다. 그중에서도 특히 리더가 운영하는 조직의 구조와 여러 제도들은 구성원이 팀을 선택하는 데 영향을 미치는 중요한 판단 기준이 되기도 한다.

외부에서 조직의 구조를 보면 사업의 성장 가능성까지도 예측해 볼 수 있고, 운영 중인 제도를 보면 구성원의 생각과 일하는 문화, 사기와 자긍심 등을 포괄적으로 파악할 수 있는 수단이 된다. 그만큼 조직과 제도는 성과와 구성원에게 있어 중요한 영향 요소라 할 수 있다. 조직과 제도가 잘못 설계된 채 운영되면, 조직의 역량 결집을 저해하고, 의사결정 프로세스를 왜곡하거나, 효율성을 훼손하거나, 구성원 간의 소통을 저해하는 원인이 된다. 또한, 운영에 있어서도 투명성과 공정성이 훼손되면 이로 인해 구성원의 분열 등 여러 부작용이 초래되는 경우를 우리는 볼 수 있다.

가장 바람직한 조직은 경영환경에 대응하는 사업전략과 조직 및 제도 간 정합성이 있어야 하고, 명확한 의사결정 구조를 가지고 있어야 하며, 조직 내부에 권한의 견제와 균형, 공정성을 보장하는 제도적 장치를 확보하고 있어야 한다. 일반적이고 대표적인 조직 유형으로 기능별 조직을 들 수 있고, 목적에 따라 사업부제, 팀제, 매트릭스형 조직 등 여러 가지 유형으로 조직 형태나 구조가 구분된다. 이들은 각기 운영 목적과 지향하는 목표에 따라 가장 효율적인 운영 형태가 선택된다. 조직구조의 선택에 있어 가장 유의해야 할 점이 바로 기능의 범위와 의사결정 단계, 협업관계, 견제와 균형의 원리 등이다. 더불어 운영의 효과성 측면에서 조직의 핵심성과지표를 명확히 하고 이를 달성하는 데 필요한 조직의 기능과 의사결정 구조가 얼마나 효과적으로 운영되는지를 다른 조직과 구분하여 판단할 수 있어야 한다. 이러한 것을 흔히 '조직 효과성 Organizational Effectiveness' 검토라고 한다. 조직 효과성 검토에 관한 부분은 다뤄야 할 범위가 복잡하므로 별도로 다루기로 하고, 우선은 리더가 알아야 할 조직운영상의 몇 가지 유의점을 살펴보도록 하자. 조직은 흔히 업의 특성과 조직환경의 영향도 많이 받는다. 시장과 기술의 환경이 급변하는 조직의 경우 시장 지향적, 기술 지향적 조직 특성을 갖는다. 제조 생산성을 중시하는 조직의 경우 운영 안정성, 생산성 혁신, 관리효율 제고를 위한 조직들이 중요하게 다루어진다. 이러한 운영방식들은 각각 사업의 특성을 반영한 핵심적인 의사결정사항이기 때문에 각각의 조직운영방식은 경영환경과 보유 핵심역량 등에 따라, 해당 핵심 경쟁력에 집중하는 방향으로 접근해 가야 한다.

이외에도 조직과 관련하여 의사결정 단계와 업무의 기능 간 분장을 결정하는 중요한 사항들이 있다. 즉, 조직의 역할과 책임R&R을 어떻게 정의할 것인가의 문제이다. 이 문제의 결론은 조직 핵심성과지표 검토로 판단할 수 있다. 조직의 생성, 운영, 재편 과정을 거치며 가장 비중을 두고 판단해야 할 부분이 바로 수직적, 수평적 체계 또는 협업 연계 조직 간의 KPI 정의와 구분이다. 가장 일반화된 관점이기도 하지만 또 가장 소홀히 하는 부분이기도 하다. 이는 조직의 목표가 구성원 각자의 역할에 따라 전개되는 구조를 가지며, 이를 통해 구성원이 각자의 역할에 따라 목표를 달성하면 결국 조직의 목표가 달성되는 흐름을 가진다. 이것이 상위의 조직으로 전개되면 사업부문과 조직 전체의 목표가 달성된다. 가장 효과성이 높은 조직은 전체 조직과 전체 구성원이 하나의 목표하에 일사불란하게 움직이는 조직이다.

최근 들어 조직환경의 변화 속도를 반영할 수 있는 조직운영의 민첩성이 중요하게 대두되고 있다. 조직의 대응 역량이 높고 유연한 애자일Agile 조직은 환경의 변동성이 커지고, 변화의 흐름이 빠른 상황에서 특히 요구된다. 조직이 환경 변화에 대응하려면 핵심역량을 주축으로 레고Lego 형이나 모듈Module 형 조직처럼 빠르게 판단하여 기민하게 대응할 수 있어야 한다. 과제와 목표에 따라 조직의 개폐와 자원의 재배치가 빠르고, 단기간 내에 달성이 가능한 구체적인 목표 또는 현안 중심으로 조직을 운영한다. 환경의 변화에 즉시 대응할 수 있는 민첩성이 이러한 조직운영방식의 가장 큰 특징이지만 그렇다고 내부의 모든 조직이 애자일 조직일 필요는 없다. 일상적인 운영 조직은 적극적으로 외부의 전문 자원을 활용하고, 내부 조직은 비효율을 덜어내 몸집을 최대한 가볍게 하면 나름 유연성도 높고, 몸집도 가벼운 조직이 될 수 있고, 그러려면 정형화된 기능적 조직의 한계와 권한의 경계를 넘어서야 한다. 이를 위해 개개인의 역량에 따른 승진, 보상, 배치가 일치하도록 운영 제도와 조직문화를 연계하여 구축하는 것이 필요하다. 태스크포스팀TFT 을 현안에 따라 수시로 만든다고 유연하고 기민한 조직이 되지는 않는다. 구성원의 역량에 따라 처우하고 운영한다는 인식이 정착되면 어디에서 어떤 과제이든 할 수도 있다. 따라서, 구성원의 인식에 있는 조직 간의 벽을 없애는 것도 리더가 중요하게 다루어야 할 부분이다. 그렇지 않으면 자리나 지키려고 하고, 위인설관식의 사람을 위한 조직운영이 되고 만다. 이것이 사라지지 않으면 조직이 기민해질 수 없다.

우선, 리더가 유연한 조직운영을 해보려면 먼저 몇 개의 과제에 필요한 인력을 내부 공개 모집Job Posting 절차를 거쳐 필요한 최적 구성원을 갖춤으로써 하나씩 성공 사례를 만들어 가는 것이 필요하다. 이 조직에는 기존의 직급도 없고, 오직 역량에 따른 역할 베이스의 운영원칙을 세우고, 성과에 따른 파격적 보상체계로 특성화시키자. 이런 방식의 운영 노하우가 쌓이면 다른 조직으로 점차 확산될 수 있다. 미래가 있는 조직인지 아닌지는 구성원의 태도가 결정한다. 전문성을 계속해서 확장하고 강화시켜 나가고자 하면 미래가 있고, 만족하고 멈추고 현상 유지와 안정만을 추구하면 더 이상의 미래는 없을 것이다.

조직의 효과성을 높이기 위해 구성원을 효과적으로 동기를 부여하는 수단이 제도를 통해 구현된다. 제도는 구성원들에게 팀 행동 규범을 부여하고, 일에 대한 태도를 결정한다. 더불어 조직의 질서와 의사결정 구조를 정해 놓은 틀이 되기도 한다. 이러한 제도는 통상 직급, 평가, 보상의 3대 축으로 구성되고, 이 제도들이 각각 상호 연관성을 가지고 유기적으로 연결되어 있을 때, 구성원들은 제도에 대한 신뢰성, 공정성 인식을 높게 하는 경향이 있다. 그러나 제도가 효율적으로 상호 연계되지 못하고, 운영에 있어 비효율성이 높은 경우 심각한 조직력 훼손을 초래하기도 한다.

직급은 구성원들의 조직 내 성장단계를 일반적으로 포함하고 있으며, 조직 내 위계와 질서를 담고 있다. 외부적으로는 사회적 위치를 나타내기도 해 직급이 갖는 의미가 복합적인 측면도 존재한다. 그러나 현재의 운영방식에서는 일정 기간이 경과하면 직급과 역할, 보상의 불일치 문제가 대두되어 이에 대한 근본적인 개선 필요성이 제기되기도 한다.

평가는 구성원의 성과에 대한 기여와 역량발휘 수준에 따른 서열화 Peer Ranking를 담당한다. 그러나 현행 대다수 평가제도의 경우 구성원을 상대 비교를 통해 서열화하는 근본적인 한계점과 평가등급별 강제배분 방식을 채택하고 있어 늘 리더와 구성원의 불만을 가져오곤 한다. 대부분의 현행 평가제도가 가지고 있는 이러한 한계에 대한 인식과 더불어 끊임없이 해결 방안을 찾는 노력이 곳곳에서 확인되고 있다. 근래 들어서는 조직 창의성과 구성원 간의 협업을 평가제도가 저해한다는 문제를 해결하기 위해 제도를 과감히 폐지하는 조직들도 나타나고 있고, 상대 배분을 배제하고 오로지 절대평가 관점에서 평가제도를 운영하는 조직도 늘어나고 있다. 이러한 흐름은 늘 더 높은 효과성과 본연의 목적에 충실한 평가제도로의 가능성을 찾아가는 여정이라고 보면 된다. 현재 보편화된 평가제도의 또 다른 핵심이슈 중 하나는 바로 조직의 성과와 구성원 평가의 연동성을 확보하지 못하고 있다는 것이다. 팀이 성과가 좋을 때는 좀 더 상위 평가를 많이 가져가고, 조직이 낮은 성과로 인해 어려울 때는 구성원들의 상위 평가도 조직성과에 부합되게 조금씩 낮게 운영이 되어야 함에도 불구하고 제도 자체의 경직성과 상호 간의 신뢰 부족으로 이에 대한 대안을 만들어 내는 데 어려움이 있다. 이를 해결하기 위해서는 조직성과 연동형 구성원 평가 방식의 채택이 당초 취지에 부합하는 보다 발전적인 형태가 될 수 있다.

보상은 크게 근속연수와 같은 연공성에 의한 보상과 성과주의 보상의 균형 이슈가 존재한다. 현재의 보편적인 보상제도에서는 과도한 연공성도 과도한 성과주의도 모두 부작용을 안고 있다. 과도한 연공성은 성과주의 문화를 저해하고, 과도한 성과주의는 조직 간 구성원 간 협업을 저해하곤 한다. 때문에 보상제도의 발전 방향은 두 연공과 성과주의 두 속성 간의 균형점을 찾거나 직무나 역할과 같은 보상가치 기준점의 전환을 가시화하는 데 있다. 더불어 조직성과와 개인성과와의 보상 균형도 중요한 요소다. 조직성과의 비중이 높은 경우에는 무임승차의 부작용이 대표적으로 나타나고, 개인성과에 대한 비중이 높은 경우에는 과도한 경쟁을 부추기는 결과를 초래한다. 또한, 과도한 성과주의는 개인의 임금 안정성을 저해하는 요인이 되기도 한다. 보상에 대한 여러 가지 사례들을 검토해 보았을 때 가장 바람직한 변화 방향은 성과 연동성, 개인의 기여와 전문성 그리고 시장가치에 대한 고려가 반영된 것이어야 하고, 그 방식은 해당 기업의 조직문화와의 정합성도 확보하고 있어야 했다.

직급, 평가, 보상에 대한 구성원의 만족도와 신뢰도를 측정해 보면 각각의 제도에 대한 수준은 다른 요소들에 비해 그다지 높게 나타나지 않는 경향이 있다. 이는 제도 자체의 완성도가 낮은 문제가 있기도 했지만, 주된 이유는 하나의 프로세스하에 있는 관련 제도 간의 연계성의 부족에서 나타나는 문제가 컸고, 이러한 문제들의 해결을 담당하는 HR 부서나 리더들의 적극적인 노력이 부족한 부분도 있었다. 이러한 문제들이 지속되면, 결국은 조직에 대한 신뢰가 무너지고 구성원의 이탈로 연결되는 결과를 초래한다. 그러나 다행스럽게도 여러 조직들이 체계적인 진단 도구를 갖추고 정기적으로 구성원의 의견을 듣고 계획적으로 개선해 나가는 노력을 기울이고 있다. 한 가지 좋은 예가 바로 리더십 공정성과 제도 운영수준을 부서원이 피드백하는 다면평가제도를 도입하는 것이다. 이 경우 구성원이나 유관부서가 팀의 리더를 평가하는 방식으로 인해 일부 부작용도 일부 있지만 결국은 보완과정을 거쳐 성공적으로 안착하는 경우가 많다.

조직이나 제도가 효과적인지 여부는 결국은 성과로 판단한다. 그것이 재무적 요소이든 비재무적 요소이든 상관없다. 조직과 제도 자체의 완성도나 운영의 완결성, 운영원칙에 완고하게 얽매일 필요는 없다. 조직이 견지해야 할 공정성 원칙만 확고하다면 성과 연동 유연성의 바탕 위에서 구성원의 욕구와의 균형점을 찾아가면 된다. 다만, 이러한 기조의 저변에는 조직과 구성원 간의 강한 신뢰관계가 형성되어 있어야 한다. 공자의 가르침에도 군주와 백성과의 관계에서 무武, 식食, 신信 중에서 신信이 가장 중요하다고 하지 않던가? 배고픔은 참을 수 있지만, 불공정은 참기 힘든 것이 팀과 리더에 대한 불신으로 나타날 수 있기 때문이다.

직무와 역할

구성원을 위계적으로 분류하고 관리하는 체계의 변천 과정을 보면 그간에는 다단계의 직급체계를 중심으로 각 단계의 엄격한 심사 이동을 통해 성장 동기를 부여하고 관리하는 방식이 주를 이루어 왔다. 이 방식은 하위 직급에서 상위의 직급으로 성장하고, 그에 맞는 새로운 역할을 부여받고, 차별화된 보상을 받는 방식이 가장 보편적인데, 이 경우 직급과 역할과 보상이 일치되었을 때가 가장 바람직한 모습이었다. 그러나 조직의 성장이 정체되고, 상위 직급의 인원수는 위로 갈수록 한정되어 있고, 근속과 연령은 매해 상승하게 되는 상황에서 직급 간 이동이 심각한 적체에 직면하게 되면, 고직급 고비용 구조로의 변화를 심화시켜 경쟁력의 저해 요인으로 작용하게 될 수도 있다. 때문에, 많은 조직들이 구성원의 성장 동기와 경쟁력 측면에서 이를 어떻게 해결할 것인가에 대한 고민을 하게 되었는데, 기존의 직급 단계보다는 구성원의 직무와 역할에 초점을 맞추는 방식이 주요 대안으로 검토되게 되었다. 직무와 역할에 기반한 운영방식은 서구에서는 이미 오래된 운영방식이지만 국내에서는 보편적이지 않고, 성공적으로 정착된 사례도 흔치 않은 것이 현실이다.

직무기반의 구성원 관리와 운영을 말할 때, 흔히들 관리의 어려움과 운영의 경직성을 말한다. 즉 구성원과 직무가 매칭되어, 적합한 직무를 적합한 구성원이 수행할 때는 평가나 보상 등에 있어 문제가 없으나, 우리에게 익숙하지 않은 직무의 가치를 중심으로 나눠야 하는 점과 직무가 변경되었을 때 그에 맞춰 구성원 운영의 변화가 쉽지 않은 점 등으로 인해 비효율적 문제가 발생한다는 우려는 존재한다. 아울러, 국내 고용환경이나 인적자원의 시장이 제한적인 점 등 근본적인 여건이 충분치 못한 점 또한 현실적 어려움이 될 수 있다. 무엇보다 동일노동 동일임금에 대해 구성원과의 합의나 운영 제도와 사례 Best Practice 의 마련이 쉽지만은 않은 점도 현실적 어려움으로 지적된다.

이러한 문제점을 고려해 함께 논의되는 것이 역할에 따른 구성원 관리체계 정립이다. 이 방법이 현실적으로 직급에서 직무로 이동해 가는 과정에서 여러 문제들을 해결해 줄 수 있어서, 변화의 파장을 줄이고 안정되게 이전해 가는 대안이나 과도기적 방법이 될 수 있다. 이 역할기반의 운영 사례로는 직급이 아닌 구성원의 전문성 단계에 따라 3단계 M-P-A 정도로 레벨을 분류하고, 각각에 맞는 역할의 정의와 보상을 설계하는 방법이다. 역할단계에서 M은 매니저 Manager 로서 조직의 리더 계층을 말한다. P는 프로페셔널 Professional 로 각 직무의 전문가를 말하며, A는 어시스턴트 Assistant 로 전문성의 개발 단계에 있으며, 전문가로의 성장 과정에서 보조적인 역할을 담당하는 구성원을 말한다. 이러한 단계의 구분은 적은 수의 단계와 넓은 역할 범위에 기반한 전문성과 역할 중심의 운영을 바탕으로 한다. 아울러 각각의 단계를 역할 정원T/O, Table of Organization에 맞춰 심사 및 운영함으로써 규모와 비용의 관리도 계획적으로 할 수 있다. 이러한 방법이 장기적으로도 기업의 경쟁력을 유지할 수 있고, 궁극적으로는 구성원의 고용안정에도 도움이 될 수도 있을 것이다.

리더가 알아야 할 구성원에 대한 관리 및 운영체계에는 이와 같이 조직-제도-직무 및 역할의 측면에서 다양한 방법과 사례들이 존재한다. 중요한 것은 이러한 방식들을 팀의 상황에 따라 맞춤화하여 적용하는 것이다. 적어도 사람을 근본에 두고 고민하는 구성원에 대한 접근 방법에는 올드 패션Old Fashion이란 없다. 단지 팀의 업의 특성과 조직환경에 부합되고, 지속 가능한 경쟁력과 구성원의 고용안정에 기여될 수 있는 방법이라면 리더는 늘 최선의 선택과 시도를 해야 할 의무가 있다.

Self Check Point

☐ 팀 직무의 구조에 대해 이해하고 있는가?

☐ 팀의 제도에 대한 이해와 운영 원칙이 있는가?

☐ 팀의 직무 간, 구성원 간의 상호관계에 대해 이해하고 있는가?

평가에 대한
두려움과 용기

일선의 팀 리더와 대화를 나누다 보면 구성원에 대한 평가가 가장 어렵다는 말을 공통적으로 한다. 잘한 사람은 잘했다고 하고, 잘 못한 사람은 잘 못했다고 하는 것이 왜 어려울까? 100%에 가까운 거의 모든 조직이 다 평가제도를 가지고 있고, 매년 평가자에 대한 평가 스킬Skill 교육을 하는데 왜 늘 어렵다고 할까? 이유는 간단한 데 있었다. 바로 사람의 일이기 때문에 그렇다. 그런데, 좀 더 객관적이고, 공정하며, 평가를 받는 사람의 수용도도 높일 방법은 없을까? 수년간 같은 고민을 해왔지만 역시 대답하기 쉽지 않은 일이다. 그래서 일부 회사들은 평가의 순기능과 역기능을 판단해 본 후 평가제도 자체를 폐지하는 사례도 확인된다. 그런데, 평가는 반드시 필요한 것일까? 근본적 질문에 리더가 먼저 답을 해볼 필요가 있다. 결론은 평가답게 평가를 운영한다는 전제하에 평가는 안 하는 것 보다 하는 것이 낫다는 것이다. 특히나 성과주의 문화가 보편화되면서 그 중요성이 더욱 부각되고 있다. 우리는 유년기 학교생활부터 사회인으로서 조직생활에 이르기까지 늘 평가와 함께해 왔다. 그리고 늘 엄격한 수준의 평가 기준과 척도가 존재해 왔다. 그럼에도 불구하고, 항상 평가에 대한 불만의 소리가 높다.

조직 구성원에게 종합적인 인사제도에 대한 설문조사를 해봐도 승격, 보상 등 다른 제도에는 보통 평균 70점 정도의 만족도가 나오지만 유독 평가제도는 50점대를 벗어나지 못하는 것이 일반적이고, 몇 년을 두고 보아도 추이 또한 늘 비슷하다. 좀 더 들어가 보면 평가제도 자체는 완결성이 높고 큰 문제는 없어 보이고, 평가권자에 대한 신뢰 문제도 같이 지적은 되지만 큰 비중을 차지하지는 않는다. 그런데도 만족도 수준은 낮다. 많은 부분이 평가제도 자체가 가지고 있는 본질적 문제에 기인한다고 볼 수 있다. 더불어 관리자들의 평가운영 미숙도 한몫을 담당한다. 리더와 HR 부서는 평가제도에 많은 노력을 기울이지만 투입한 시간과 노력에 비해 구성원들의 만족도는 너무나 낮다. 그런데 이러한 평가를 조직은 왜 계속 운영하는 것일까? 평가를 잘할 방법은 없는 것일까?

우리는 평가를 얘기할 때 늘 경쟁이라는 단어를 같이 떠올린다. 개인 간의 경쟁은 구성원 간의 협력을 저해하기도 하지만, 이것을 조직 단위에서 잘 운영하면 조직력을 높이는 측면도 분명히 존재한다. 개인에 대한 평가는 결국 경쟁에 기초하고, 경쟁은 목표에 대한 몰입과 성과를 촉진시키는 역할을 한다. 때문에, 바람직한 경쟁 문화를 통해 조직의 효과성을 높이고 궁극의 성과 목표 달성을 촉진하는 것을 평가제도의 목표로 한다. 따라서, 평가제도를 성과와 역량에 기반하여 설계하고, 운영에 있어서는 과도한 경쟁과 협업을 저해하는 부작용이 최소화될 수 있도록 운영하는 것이 중요하다. 아울러, 상대적 서열화의 납득성 부족을 개선하기 위해 개개인에 대한 절대평가적 요소를 점차 늘려가는 것이 필요하다.

그런데 현재 조직에서 보편화된 일반적인 평가제도에 대한 의문점들이 여전하다. 대표적인 몇 가지를 보면 객관적 평가 기준의 문제, 절대평가와 상대 배분의 문제, 평가 배분율에 의한 정규분포나 강제 배분의 문제, 과정과 결과 평가의 문제, 평가결과 활용의 문제, 면담관리 역량의 문제, 공정한 평가를 왜곡하는 평가오류의 문제, 평가권의 오남용 문제 등이다. 이러한 문제점들을 늘 가지고 있지만 그래도 평가는 하는 것이 낫고, 효과적으로 운영되었을 때 얻을 수 있는 긍정적인 요소들을 전제로 하고 얘기를 나눠야 한다. 긍정적인 면이 커지면 상대적으로 부정적인 요소들은 당연히 감소할 것이기 때문이다. 평가에 대한 불만의 목소리 중 하나가 '나눠 먹기'이다. 지극히 온정주의적, 편의주의적 평가 성향 때문에 나오는 얘기이고 가장 흔한 현실에서의 얘기다. 더불어 년 중에는 중간점검도 잘 안 하다가 연말의 성과로만 판단하는 경우도 많고, 하나를 잘하면 다른 것도 다 잘할 것이라는 후광효과에 의해 평가가 왜곡되기도 하고, 대부분의 평가가 중심화 경향을 보이는 경우도 많다. 이러한 오류들이 모두 다 평소에 중간평가 및 과정관리를 소홀히 하기 때문에 생기는 문제들이다. 이러한 문제점을 최소화하기 위해 평소 리더 역할의 50% 이상은 평가에 비중을 두어야 한다고 강조하지만,

평가와 업무 코칭을 분리해 생각하는 오류 때문에 늘 평가를 부가적인 업무 부담으로 느끼는 경우가 많다. 또한, 평가 자체를 서로 간의 관계를 불편하게 만들고 조직의 안정성과 팀워크를 저해하는 요인으로 생각하는 경우도 있어 이에 대한 사고의 전환도 필요해 보인다.

평가, 어떻게 해야 하나?

이처럼 어렵고 힘든 평가제도를 본래의 운영 취지에 비추어 재조명하고, 업의 특성까지 고려하여 재설계하는 사례가 늘고 있다. 심지어 일본의 M사의 경우에는 조직 구성원 간의 협력과 화합을 중시하는 조직문화를 고려하여 평가제도 자체를 폐지하기도 했다. 또한, 일본 화장품 전문기업 C사의 경우에는 기존에 보편화되어 있는 상대평가등급 강제 배분율 방식의 평가제도를 개편하여 등급별 배분율과 등급의 분포를 조직 리더인 평가권자가 업무특성을 반영하여 자율적으로 결정하도록 하였다. 이를 통해 부서 특성과 성과창출의 수준에 맞는 평가운영을 할 수 있게 함으로써 구성원들의 평가 만족도를 높이는 효과를 얻고 있다. 국내 C사의 경우에는 상대평가제도를 절대평가제도로 전환하고, 부서장이 성과 수준에 맞춰서 적절하게 배분하게 함으로써 합리적 평가제도운영을 기하였다. 이 기업의 경우 초기에는 평가권자들이 상위 등급 평가를 기존 기준보다 많이 하는 경우가 있었으나, 반복적인 교육과 코칭을 통해 기존 배분율을 운영할 때의 수준에서 절대평가가 무리 없이 이뤄지고 있고 구성원들의 만족도도 이전보다 높게 개선되었다.

국내 A 기업의 경우에는 역량평가의 평가지표 모호성과 평가결과 활용상 문제점 등을 해결하기 위해, 통상 업적평가와 역량평가가 분리되어 있는 평가제도를 종합평가로 통합하고 한 번에 평가함으로써 평가결과에 대한 신뢰도와 설명력을 높이는 효과를 보고 있다.

그러면, 우리 조직의 인사평가는 어떻게 해야 할까? 가장 좋은 방법이 상시 수시평가를 모아서 연말 종합평가를 하는 방법이다. 평가는 성과창출과정의 히스토리 관리가 중요하고, 과정관리 코칭은 궁극의 목적인 성과 극대화를 위해 상시 운영되어야 한다. 그러나 대부분의 조직에서는 평가 이후 조직 분위기 관리의 어려움을 들어 횟수를 줄이는 방식을 택하고 있다. 이는 제도의 운영 목적 달성보다는 지극히 편의적 방법으로 스스로 평가의 정상화를 포기하고 있는 것이나 다름없다. 평가는 일의 결과를 판단하는 행위가 아니라 일의 과정에서 성과를 촉진하는 행위이다. 또한, 평가는 직무과제 부여, 성과 촉진, 평가, 보상, 등을 하나의 프로세스로 보아야 한다. 그래야 전체 프로세스가 살아날 수있다. 직무와 평가가 단절되고, 평가와 보상이 단절된다면 이런 평가는 차라리 하지 않는 것이 낫다.

또한, 평가에서 상위와 하위가 명확하게 구분되는 것은 반드시 지켜져야 한다. 이것을 평가의 변별력 유지라고 한다. "우리 부서는 모두가 다 같이 고생했으니 다 같이 분포가 중심화된 평가를 받자!"라고 얘기하는 리더는 없을 것이다. 그런데 평가결과를 2~3년을 모아서 보면 그렇게 평가를 했다. 그런 사람은 리더의 자질이 없는 사람이고 조직을 망치는 리더이다. 조직 구성원 모두를 결과적으로 하향 평준화하여 평가하는 것은 성과를 잘 낸 사람과 못 낸 사람을 구분하지 않고 모두에게 결과적으로 불행이다. 평가결과는 반드시 변별력을 유지해야만 한다. 그래야 잘한 사람에게는 더 큰 동기를 부여해 주고 부족한 사람에게는 재도전의 기회를 줄 수 있다.

몇 해 전 평가의 등급별 배분율을 없애고 등급의 분포까지도 리더의 판단에 맡기는 방식을 도입한 조직이 있다. 이는 조직성과와 구성원 개인평가를 연동할 수 있는 나름 진화된 방식이고, 평가권자의 재량과 제도운영의 유연성을 확보할 수 있어 개인적으로 권장하고 싶은 방식이다. 이 방식은 평가등급의 최상위와 최하위를 포함하여 등급별 분포의 결정을 리더에게 맡기는 것으로 리더가 중심화 평가를 하든, 상위평가 분포 경향 또는 하위평가 분포 경향의 평가를 하든, 여러 유형에서 임의로 결정할 수 있게 한다는 얘기다. 이는 리더가 자신 부서의 업무특성과 환경, 성과의 수준을 고려할 수 있고, 개인별 평가에 절대평가적 요소까지도 가미할 수 있는 방식이 된다.

평가의 프로세스를 놓고 보면 올바른 평가가 되기 위해서는 올바른 목표설정에서 출발해야 한다. 목표는 가급적 계량화되는 것이 좋고, 숫자로 확인할 수 없는 목표는 올바른 목표가 아니라는 리더의 분명한 판단 기준이 제시되어야 한다. 그래야 결과도 제대로 달성을 했는지 여부를 정확히 측정할 수 있다. 목표는 한번 설정하면 평가기간 중에는 유지해야 하나, 환경이 바뀌어 목표가 바뀌었다면 수시로 수정 관리를 해야 한다. 이러한 활동이 합리적인 과정관리이다.

또한, 목표의 내용에는 가급적 관련 부문 간의 협업 목표도 별도로 설정하도록 하는 것이 좋다. 그래야 조직 간의 업무적 소통이 원활해진다. 잘 바뀌지 않는다면 의도를 가지고 변화를 강제하는 방법도 나쁘지 않다. 이렇게 하다 보면 몸에 익고 협업과 소통이 자연스러워진다. 조직 간 개인 간의 협업 과제와 협업 목표가 중요한 이유다. 개개인이 목표를 수립할 때는 반드시 전략과제와 일반과제를 구분하는 것도 필요하다. 예를 들어 부서의 전략목표와 연계된 개인의 과제는 전략과제로, 일상화된 운영 관리과제나 전략과제와 연계되지 않은 과제는 일반과제로 분류하여 수립하는 것이다. 이렇게 하면 전략적 목표인 조직 공동의 과제 추진이 체계화되고 효과적으로 과제운영 및 관리에 집중할 수 있으며, 모든 구성원이 조직 목표와 KPI를 중심으로 체계적으로 정렬되어 팀 운영의 효율성도 높아진다.

더불어 과제 목표를 수립할 때는 구성원의 역량개발 목표도 함께 수립하는 것을 적극적으로 권장한다. 구성원이 과제를 원만히 수행할 수 있도록 필요한 역량을 갖추는 것을 지원하는 것도 리더의 역할이다. 이 프로세스를 잘 운영하는 조직은 연간 성과 평가 및 역량 리뷰와 보상 결정 프로세스가 하나의 일관 프로세스로 구성되어 운영된다. 이를 통해 매년 정기적으로 검토함으로써 조직 전체의 역량을 높이고 성과관리 프로세스도 효율적으로 운영된다.

평가지표KPI, Key Performance Index의 중요성은 아무리 강조해도 부족함이 없다. 다른 얘기는 다 빼도 평가지표의 중요성에 대한 이야기 만큼은 반드시 기억하자. KPI의 핵심은 농구선수를 평가하는 지표와 마라톤 선수를 평가하는 지표는 달라야 한다는 것이다. 물론 운동선수로서의 공통된 항목도 있겠으나, 농구선수는 순간 순발력 등을 중요하게 보아야 하고, 마라톤 선수는 심폐지구력 등 장시간의 레이스에 적당한 평가지표를 발굴하여 운영해야 한다. 모든 업무에는 결과를 평가할 수 있는 적절한 평가지표가 있다. 이를 체계화하고 조직 내에 축적하는 등 평가지표를 지속적으로 업데이트하고 개발 및 발전시키는 활동이 대단히 중요하다.

연중 과정관리도 소홀히 해서는 안 된다. 이는 업무의 진척상황을 확인하고 코칭하는 활동으로 평가제도 궁극의 운영 목표인 성과를 촉진하는 활동이다. 리더 한 사람이 모든 구성원을 다 코칭하기 어렵다면 중간 리더를 두는 것도 좋은 방법이다. 이는 성과를 높이기 위해 가장 가까운 거리에서 함께 머리를 맞대자는 것이다. 이를 통해 개개인에 대한 평가 과정관리 히스토리를 시스템적으로 축적하여 관리하면 연말에 기말효과 오류 등을 방지할 수도 있다. 더불어 평가결과에 대한 수용도도 높일 수 있다. 중간 과정관리는 등급형 평가보다는 서술형 또는 대화형 피드백 방식이 효과적일 것으로 판단된다. 예를 들어 이런 피드백을 해줄 수 있을 것이다. "이 목표는 환경이 바뀌었으니 상향해서 재설정 바랍니다", "이 과제는 부문 간 협업을 보다 강화할 필요가 있습니다", "이 과제는 성과 있게 잘 추진하고 있습니다. 지금처럼 계속해서 잘 추진해 주십시오", "과제 완료 일정을 단축해 봅시다" 등 이와 같은 성과과정관리 코칭과 피드백이 성과를 높이고 동기를 부여하는 데 있어 등급으로 피드백하는 것보다 훨씬 효과적이다.

한 명의 관리자가 효과적으로 평가 및 관리할 수 있는 구성원의 규모는 몇 명이 적당할까? 이 질문에 대해서는 역사 속에서 군대의 편제 등과 HR 자료들을 보면 최소단위는 10명 내외가 적당할 것으로 생각된다. 이 규모를 평가를 가장 효과적으로 운영할 수 있는 규모로 볼 수 있다.

최종평가단계에서 고려해야 할 사항들도 적지 않다. 우선 앞서 언급

했지만 최종평가는 중간 과정관리활동 즉, 성과 촉진을 위한 코칭 활동의 종합이다. 때문에 평소 실행하는 과정관리 히스토리를 반드시 누적해야 한다. 아울러 평가집단의 구성도 중요하다. 대부분의 기업들은 통상 직급 단위로 평가 모집단을 구성한다. 그러나 이 방식은 개인별 담당 업무의 총량이나 가치, 평가척도 등이 다름에도 이에 대한 고려가 되지 못하는 문제를 안고 있다. 그저 직급이 같으면 역량도 같고 기여도 같을 것이라는 직급 중심의 일반화된 관점에서 편의적으로 관리하는 것이다. 즉, 농구선수 3년 차와 마라톤 선수 3년 차를 동일한 모집단으로 평가하는 우를 범하고 있는 것이다. 장기적 관점의 R&D 부문과 일일 단위의 생산성이 중요한 제조부문을 아무 생각 없이 한 집단으로 놓고 평가하는 것이다. 또한, 조직의 성과를 평가하는 리더와 개개인의 단위과제 목표를 평가하는 구성원을 하나의 집단에 놓고 평가하는 것도 맞지 않다. 따라서 가능하다면 유사업무 집단으로 묶는 것이 상대비교를 하는 경우 바람직하다고 할 수 있다.

평가의 효과성을 높이기 위해 국내 주요기업 및 글로벌 기업들은 리더와 주요 구성원에 대한 다면평가 프로세스를 도입하여 활용하고 있다. 평가받는 사람과 협업관계에 있는 여러 사람의 의견을 그 사람의 평가에 반영하는 것이다. 이는 경쟁 관계의 경우 다소간의 부작용도 있을 수 있으나, 다수 기업들이 다면평가를 조직문화 차원으로까지 발전시켜 잘 안착시키고 있기 때문에 평가운영에 대한 실패 사례를 조직 내에서 체계적으로 개선 시켜 간다면 성공 확률이 높아질 것이다. 또한, 일의 결과물뿐만 아니라 성과를 창출해 내는 과정에 대한 평가도 대단히 중요시하고 있다. 업적과 역량이 통합된 종합평가의 경우 성과를 바탕으로 이를 창출하기 위한 구성원의 행동도 평가함으로써 그 효과성을 높일 수 있다고 판단된다.

면담과 피드백하기

평가가 완료되었으면 리더가 결과 면담 및 피드백을 반드시 해주는 것이 필요하다. 통상 평가권자가 서로 간의 불편함을 피하기 위해 이 과정을 생략하는 경우도 있는데, 고성과자나 저성과자 모두 절대 생략해서는 안 되는 대상이고 과정이다. 일단 면담을 시작하게 되면 경청이 기본이다. 어떤 리더들은 본인의 할 얘기만 전달하고 면담을 끝내버린다. 올바른 면담은 상대방의 의견을 들어주는 것부터 시작해야 한다. 경청 50%, 반응 30%, 말하는 것 20%이다. 스스로 한 해의 업무성과에 대해 되돌아보게 하고, 리더는 자신이 지원해 주어야 할 것들에 대해서 제대로 지원해 주었는지를 함께 점검해 보아야 한다. 대화에 있어서 일방향은 지시이고 양방향은 소통이다. 다시 한번 강조하지만, 평가는 고성과 조직을 지향하는 리더의 코칭 활동임을 명심해야 한다.

리더가 피평가자에게 당신보다 더 뛰어난 성과를 낸 사람이 있어서 당신은 이런 평가밖에 주지 못한다는 얘기를 흔히 한다. 이것은 상대평가를 전제로 하고 하는 얘기인데, 피평가자에게 의도한 동기부여보다는 자괴감과 상처를 더 주게 된다. 평가 면담은 반드시 절대평가의 기조를 가지고 면담해야 한다. 그래야 육성으로 이어갈 수 있고, 다음 해 성과를 향상시키기 위해 무엇을 해야 하는지에 대한 대화가 가능하다.

평가에서는 상대 비교를 배제해야 진정한 코칭이 될 수 있다. 조직 내 협력을 무너뜨리는 수단으로 평가제도를 돈과 시간과 노력을 들여가며 운영하는 우를 범하지 말자. 상대 비교 논리는 보편적이고 맞는 듯하지만 결과적으로 보면 틀린 행동이다. 평가에 다른 편견Bias이나 고정관념Stereotype 등과 같은 잡음 요소를 넣지 말자. 예를 들어 "평가는 어쩔 수 없이 하위를 주었지만 보상에서 감안해 주겠다" 등의 면담방식은 피평가자의 자존심을 더욱 건드리는 결과를 가져온다. 또 평가의 불공정성을 스스로 인정하는 것이 되기 때문이다. 평가권자가 인정하지 못하는 수준의 공정성을 피평가자가 무슨 수로 수용할 수 있겠는가? 평가는 평가로 얘기하자. 그래야 다음 단계 코칭이 가능하다.

결과 면담에서는 불편하지만 부정적 요소가 있다면 반드시 피드백을 해야만 하는 경우가 있다. 그럴 때는 공개되지 않은 장소에서, 명확한 취지를 먼저 밝히고, 긍정적 요소부터 하나씩, 부정적 정보는 미래지향적 관점에서, 타인과 비교 금지 등의 방법으로 피드백을 해주는 것이 좋다. 이를 위해 평소에 자주 열린 소통을 유지하는 것이 중요하다. 또한, 고성과자에게도 반드시 피드백 포인트가 있다는 것을 잊지 말자. 고성과자일수록 오히려 성장에 대한 관심이 더 높다. 그런데 보통은 고성과자의 경우 면담을 생략하고 그냥 지나간다. 설혹 면담을 해도 "수고했어, 내 맘 알지?"와 같은 의미 없는 한마디뿐이다. 이런 방식은 고성과자를 자만에 빠지게 하고, 지금보다 더 나은 발전을 리더가 저해하는 결과가 된다. 흔히들 '당근과 채찍'이 조직운영의 기본 방식이라고 한다. 그러나 이제는 바꿀 필요가 있다. 구성원을 믿고 '당근과 당근' 관점을 가져보자. 믿음과 신뢰 위에서 새롭게 더욱 강화된 관계를 설정하

자. 잘한 사람은 더 주고, 덜 잘한 사람은 조금 덜 주는 방식이다. 이러한 방식이 자신에 대한 자존감을 스스로 느끼게 하고, 평가제도의 부작용도 최소화하는 방식이 될 수도 있다.

앞서 사례에서 얘기했지만, 평가에 대한 다른 관점도 존재함을 잊지 말자. 경우에 다라서는 업의 특성에 따라 평가제도를 버리는 조직도 있을 수 있다. 차등의 논리보다 균등의 정책이 조직력을 높이는 결과를 가져올 수도 있기 때문이다. 개개인의 성과 지향성이 높으면 구성원 간의 협력을 깨뜨리는 결과를 가져오기도 한다. 나는 평가제도 없어도 잘하는데, 다른 사람은 반드시 평가제도가 있어야 한다고 생각하는 오류는 있어서는 안 된다. 이제 평가를 단순히 연례적인 행위의 업무로만 보지 말고, 조직과 개인의 성과를 촉진하는 상시적 활동으로 바라보자. 그러면 지금과는 다른 관점에서 새롭게 해야 할 일들이 많을 것이다. 평가는 리더와 구성원이 성과를 주제로 하는 대화이고, 코칭 활동임을 기억하자.

Self Check Point

☐ 평가를 왜 해야 하는가?

☐ 어떻게 평가를 할 것인가?

☐ 평가와 연계된 제도와 프로세스들을 이해하고 있는가?

보상 경쟁력
높이기

T E A M   L E A D I N G

    조직이 구성원이 만족할 만한 보상을 늘 유지하면 최선이겠으나 현실은 그렇지 못한 경우가 많다. 조직과 개인에게 있어 보상수준은 상대적 가치로 존재한다. 조직은 비용 효율성의 측면에서 보상에 대한 정책을 다루고, 구성원은 소득 극대화의 측면에서 바라본다. 조직과 구성원이 쉽사리 타협하기 어려운 이유가 여기에 있다. 리더가 고민해야 하는 것 중의 하나가 바로 개인 보상수준의 결정이기도 하다. 평가가 어려운 이유가 바로 보상과 직결되기 때문이다. 보상정책의 발전 과정을 보면, 과거의 보상은 개인의 능력과 성과에의 기여보다는 연공요소가 상당 부분을 결정했다. 지금도 구성원 간의 경쟁보다 조직 내 협력과 화합의 가치를 더 높게 평가하는 경우에는 연공적 요소에 비중을 둔 보상정책을 채택하기도 한다. 그러나 2000년대 이후 여러 기업들이 성과주의를 표방하면서, 조직과 개인의 보상을 성과적인 요소에 의해 결정하는 경우가 보편화되었다. 구성원에 대한 보상체계를 설계하면서 성과 중심으로 보상철학의 중심이 이동된 것이다. 이를 바라보는 구성원들의 시선은 늘 불편해하면서 엇갈릴 수밖에 없다.

보상은 일반적으로 대상에 따라 개인보상과 집단보상으로 구분할 수 있고, 목적에 따라 생활 안정과 연공요소가 반영된 공통급 또는 기본급 보상과 성과 평가에 따른 성과급 보상으로 구분할 수 있다. 이 중 집단보상과 개인보상은 개인의 성과에 따라 먼저 보상을 결정하고, 추가로 집단성과에 따른 보상을 결정하는 방식이다. 이것을 제도적으로 구현할 때는 개인보상은 임금의 안정성과 성과에 따른 개인 간의 차별화 관점을 중시하고, 집단보상은 성과에 따른 공통 배분과 더불어 보상의 일부를 변동비화 즉, 경영성과에 따른 인건비 운영의 유연성Flexibility 관점에서 설계하기도 한다. 이 모든 방식의 결정은 사업의 특성과 기업의 지불 능력, 시장에서 구성원의 임금 경쟁력 등을 종합적으로 검토해서 결정해야 한다. 또한, 조직의 보상전략은 구성원들이 기대하는 임금의 안정성과 수준의 만족도, 경영성과와 연동한 인건비 경쟁력 모두를 고려해야 하기에 어려운 합의 과정을 거치게 되는 것이다. 어떻게 해야 조직 구성원 다수가 만족할 수 있는 보상정책과 전략을 수립할 수 있을까?

첫째, 사업의 특성을 고려해야 한다. 경영성과가 구성원의 인적역량보다 시황에 의한 변동의 영향이 심한 경우라면 집단 성과보상의 비중을 높이는 것이 좋다. 그래야 경영 상황에 따라 유연성의 여지가 생긴다. 반대로 구성원 개개인의 인적역량이 조직성과에 미치는 영향이 크다면 개인보상의 변동성을 높이는 것이 좋다. 그래야 보상에 의한 동기 요인을 유지할 수 있다.

둘째, 임금의 변동성과 안정성의 조화가 필요하다. 구성원의 입장에서는 안정성을 높이기 위해 상시 소득을 높게 가져가는 것이 당연하다. 반대로 조직은 변동성을 높여서 성과에 따라 차등하는 것이 고정비를 변동비화하는 방법이다. 따라서, 생계비에 해당하는 임금의 일정 수준은 안정성을 보장하고, 나머지는 성과 연동 변동급으로 합의된 설계를 하는 것이 필요하다. 어느 정도 비율이 적정한가에 대해서는 시장임금과 동종의 산업 내 임금 경쟁력을 고려해서 결정하면 된다.

셋째, 정기보상과 수시보상의 적절한 균형이 필요하다. 보상은 가장 강력한 동기부여 수단이다. 따라서 특정 시기의 성과에 따른 격려가 필요한 경우에는 언제든 임의, 자율 보상이 가능하도록 다양한 즉시보상제도 마련이 필요하다. 이를 통해 조직 활력과 구성원의 성취 욕구를 불러일으킬 수 있는 장점이 있다.

넷째, 장기성과와 단기성과의 균형이 필요하다. 이 역시 업의 특성을 반영해야 하는데, 예를 들어 시장 변동성이 높다면 단기성과에 대한 보상을 강화하여 단기경영성과를 유도하고, 반대로 시장 변동성이 낮다면 장기성과 보상을 통해 동기 요인과 조직 활력을 유지하는 것이 필요하다. 또한, R&D 부문이나 경영관리 부문의 경우 장기적 관점의 경영 활동을 위해 장기 보상의 비중을 높이고, 제조부문의 경우에는 단기 생산성 지표의 달성 및 유지를 위해 단기성과에 따른 즉시보상제도를 적극적으로 가져가는 것이 유효하다.

다섯째, 모든 구성원을 동일한 보상체계에 둘 필요도 없다. 주로 제한된 분야에서 지원을 담당하는 계층의 경우에는 안정성에 중심을 두어 설계하고, 전략적 의사결정 업무 및 과제 주도를 담당하는 상위 직급은 성과와 역량에 따른 변동성에 좀 더 비중을 두어 설계하면 전체적으로 조직성과에도 기여하고, 몰입도를 강화하는 방법이 된다.

여섯째, 임금구조는 최대한 단순화하는 것이 좋다. 각종 수당체계나 성과급, 상여금 등이 복잡하면 통상임금 산입 범위 등과 같은 불필요한 법리적 논쟁도 유발할 수 있고, 보상체계가 갖는 진정한 철학과 의도를 구성원들에게 정확히 전달할 수도 없다. 조직의 모든 제도와 가치, 문화와 활동은 구성원들에게 주는 분명한 메시지가 있어야 한다. 보상제도가 그저 생계수단으로 인식된다면 당초 보상체계 운영 목적의 50% 정도만 달성하고 있다고 보아도 과언이 아니다.

몇몇 사례들을 보면 집단보상을 사업성과에 따라 많게는 연봉의 50%까지도 파격적으로 일시에 지급하는 회사가 있는가 하면, 이 중의 상당 부분을 고정급화하여 일상의 소득을 높게 운영하는 회사들도 있다. 보상정책에 대한 논의들이 이뤄지면서 업에 맞는 효과성 높은 전략들을 찾아가고 있는 것이다. 따라서 보상제도의 개편을 고민하고 있다면, 먼저 업의 특성부터 살펴볼 필요가 있다.

또한, 개인보상의 사례들을 보면 전문성의 기여 방법과 수준 등에 따라 연공성이 강한 호봉제와 개인 간 성과에 따라 임금을 차별화하는 수준이 높은 성과연봉제의 대표적인 모델들이 있고, 최근 들어서는 직무가치에 따라 보상의 한도를 정하는 직무급제가 도입되기도 한다. 아울러, 개인평가와 보상제도 간의 기술적 결합으로 인건비 운영의 유연성과 개인의 보상 만족도를 함께 추구할 수 있는 다양한 방법이 시도되고 있음을 확인할 수 있다.

보상은 조직의 임금 지불 능력과 개인의 보상 만족도 그리고 동종업계 임금의 경쟁력까지를 종합적으로 고려하여 수준을 결정하고, 이것에 대해 조직과 구성원이 합의의 과정을 거치는 것이 연봉의 결정 과정이다. 그러나 모든 조직과 모든 구성원이 모든 조건을 다 만족할 수 있는 것은 아니다. 아마 어쩌면 누구도 만족할 수 없는 것이 임금수준이고 인건비 경쟁력일 것이다. 이는 개인의 임금은 높을수록 좋고, 조직의 인건비는 낮을수록 좋기 때문이다. 어떻게 해야 조직과 구성원 다수가 만족하는 합리적 임금 결정 구조를 만들 수 있을까? 보다 합리적인 의사결정을 위해서는 인건비 수준을 결정함에 있어 먼저, 해당 조직의 인적자원경쟁력과 관련한 지수를 확인해 볼 필요가 있다. 인당 매출액이나, 인당 이익, 인당 생산성, 단위당 제조원가 인건비 등을 경쟁사와 비교하여 인건비의 현재 위치를 확인해야 한다. 이를 토대로 인건비수준을 가늠해 볼 수 있다. 예를 들어 조직성과가 우위에 있다면 임금도 110% 수준에서 운영하고, 경쟁력이 동등하다면 100% 수준, 낮다면 95% 수준으로 지불하는 것이다. 객관적으로 비교되고 설명될 수 있다면 구성원들도 크게 이의가 없다.

다음으로 생산성과 연동하는 인건비 구조를 만들어 운영하는 것이 필요하다. 이를 통해 구성원의 생산성과 비례 연동 하여 보상하는 체계를 만들면 예측 가능성을 높일 수 있기 때문에 보상에 대한 만족도를 높일 수 있다. 이외에도 법규에 맞는 기본적인 수준의 충족은 굳이 말할 나위도 없다. 위법하지 않아야 하고, 이는 구성원의 자긍심과도 직결된다. 또한, 현재 보상과 미래 보상의 균형도 필요하다. 잘 설계된 스톡옵션 등 미래성과나 장기성과에 대한 보상제도는 구성원의 잠재 역량과 성과기여 의지를 높일 수 있다.

보상은 여타 인사제도들과 분리되어 운영될 수 없다. 직무급제만 보아도, 채용-인력운영-평가-보상 등에 있어 일관성 있는 인사철학과 원칙을 바탕으로 하지 않으면 당초 목적했던 효과를 기대하기 어렵고, 오히려 구성원의 사기와 결속력을 훼손하는 결과를 초래할 수도 있다. 금전적 보상과 성장, 직무 경험, 교육 등 이 모든 것이 넓게 보면 종합적인 보상이 된다.

보상체계의 변화는 구성원들에게 가장 민감한 영역이다. 보상의 수준이 증가하든 하락하든 상관없이 반드시 구성원의 충분한 공감대를 거쳐 변화하는 것이 필요하다. 임금이 갖는 하방 경직성 또한 또 하나의 애로사항이 되기도 한다. 조직의 입장에서 섣불리 임금인상을 결정하기 어려운 부분도 이것 때문이다. 따라서 기본 생활급과 성과 연동급을 조화롭게 구성하여 임금의 안정성과 인건비의 유연성을 함께 추구하는 것이 대단히 중요하다.

세상에 완벽한 제도는 없고, 각각의 제도들이 갖는 구성원 만족과 효과성도 다르게 나타난다. 특히 보상과 관련한 의사결정은 결코 쉬운 일은 아니다. 때문에, 각자의 조직 특성에 맞는 보상제도가 필요하고, 개인과 집단의 보상을 어떻게 할 것인지, 안정성과 변동성을 어떻게 확보할 것인지, 어떻게 운영하면 가장 효과성이 높을지에 대한 효과적인 전략이 필요하다. 임금의 수준과 인건비 경쟁력을 다 만족하기도 쉽지 않고, 모든 조직에 통용되는 단 하나의 정답도 없다. 우리 조직의 특성과 지불 능력에 맞는 보상전략을 늘 찾아가는 것이 있을 뿐이다. 또한, 중요한 것은 당장의 임금인상 욕구 충족보다 장기적 관점의 조직 경쟁력을 유지하고 이를 통해 구성원의 고용안정이 지속적으로 보장되는 선순환 구조를 만들어 가는 것이 가장 이상적이고 모두가 바라는 궁극의 목표가 되어야 한다는 것이다. 이제 리더가 답해야 한다. 내부 형평성과 시장임금과의 경쟁력, 어느 것이 팀과 구성원에게 더 합리적 보상수준인가?

Self Check Point

☐ 내부 형평성과 시장 경쟁력을 모두 충족하는가?

☐ 조직 내에서 임금과 고용 중 어느 어젠다가 더 주도적인가?

☐ 고임금 저인건비 전략을 실행하고 있는가?

예측 가능성에
집중하자!

리더의 책임 중 구성원과 관련한 업무는 정량화하거나 공론화하기 어려운 특성 때문에 늘 애로가 많다. 이는 그 속성이 사람에 대한 의사 결정이기 때문일 것이다. 지난 시간을 되돌아보면 상당히 다양한 관점에서 구성원 관리의 예측 가능성을 높이기 위한 실행들이 시도되어 왔다. 인적자원이나 조직문화, 리더십 실행의 계량화는 여러 가지의 장단점들이 존재하지만, 팀의 최고 역량은 팀 자원의 최적 운영 세팅 값을 찾는 것에서부터 시작될 수도 있다. 따라서, 의사결정의 효과성과 예측 가능성을 높이기 위한 노력은 앞으로도 지속되어야 한다. 먼저, 인적자원 계량화의 영역을 전략의 실행 과정과 결과 측면에서 짚어보면 생각보다 다양한 영역에서 검토가 가능함을 알 수 있다. 예를 들어 인력의 신규 투입, 인력운영, 제도와 문화, 보상과 인재육성 등 거의 모든 분야에서 가능하다.

이 중 팀에 필요한 인력 충원과 관련한 의사결정의 경우에는 우수 인재확보율이나 인재확보의 적합도나 적시성 등의 관점에서 볼 수가 있다. 인력운영의 관점에서는 인력의 퇴직률, 우수 인력의 유실률, 정원T/O의 유지율, 인당 인건비나 인건비율, 인당 매출액, 인당 이익 등의 인원지표와 저성과자의 비율, 인력 다양성 지표Gender, Generation 등의 비율 등으로 계량화하여 관리기준과 목표를 수립할 수 있다. 이러한 지표들은 우리가 알고 있는 수확체증의 법칙이나 수확체감의 법칙과도 관련이 있다.

제도와 조직문화의 관점에서도 조직문화 만족도와 제도 만족도, 직원들의 성장을 나타내는 승격률 등이 있고, 보상 측면에서는 임금경쟁력지수나 고성과자에 대한 인센티브 집행률 등을 계량화 관리항목으로 운영할 수 있다. 다음으로 인재육성 측면에서는 구성원의 전문자격보유율, 인당 교육시간, 인당 교육훈련비, 어학자격 보유율, 필수교육이수율 등을 관리항목으로 계량화하여 운영할 수 있을 것이다.

최근 들어 AI 기술의 발달로 일부 기업들에서 입사지원자의 지원서류를 인공지능이 검토하게 하는 수준에 이르렀다. 물론 그간의 여러 사례들을 모아서 통계적 관점에서 지원서의 충실도를 판단하고 이를 채용에 반영한다고 하지만 한편으로는 내심 씁쓸함도 없지 않다. AI 기술이 발달할수록 인간의 존엄성과 진정한 내면의 가치들은 자꾸 뒤로 물러나게 되는 듯하다. 어디까지나 기술의 활용은 인간의 여러 가치 판단과 실천 행위를 보조하는 측면에 한정해야 한다. 이를 넘어서면 그다음은 인간이 기술에 예속되게 된다. 그 결과는 기술의 역습과 인간의 자주성과 존엄성의 훼손, 창의성의 상실이 아닐까?

예측과 계량화 프로세스

수년 전 인적자원의 계량화 관점에서 중요한 시도를 해본 적이 있다. 인력의 증가와 감소에 대해 예측할 수 있는 모델을 만들어 본 것이다. 대전제는 생태계가 정의된 한정된 공간에서 탄생과 소멸, 먹이사슬의 관계를 과거의 실적 트렌드와 사업 환경 변화에 기초하여 예측 모델을 설계한 것이다. 이는 효과적 전망을 위한 예측기술 모델의 시도 수준이었으나, 시간과 비용의 문제로 경영환경과 기술의 변화를 지속적으로 반영하여 발전시키지 못한 한계가 있었다. 이를 좀 더 구체적으로 설명하면, 시장의 총수요를 파악하고, 그중에 회사가 차지한 M/S를 고려하고, 이에 필요한 생산시설과 생산인력의 변동성을 확인하고, 인력 증감 이슈를 반영한 후, 중기 전망을 해내는 방식이었다.

혁신의 시작은 계량화부터이다. 계량화되지 않은 것은 개선 또는 관리할 수도 없다는 말이 있다피터 드러커, Peter F. Drucker, 경영학자. 계량화의 프로세스 구축을 위해서는 첫째, 경영상의 필요성을 확인하는 것이 필요하다. 어떠한 분야에서 계량화의 필요성이 있는지를 인적자원 관련 주요 의사결정 리더와 실무진의 의견을 조사하고 청취하여 먼저 계량화 대상을 결정해야 한다.

둘째, 유사한 항목 간의 통합 또는 조정하는 과정이 필요하다. 모든 영역이 계량화되면 좋겠지만 투자 및 관리의 실효성과 한계는 분명히 존재한다. 계량화, 지표화의 장점과 단점이 현실적으로 효용성을 기준으로 한 선택이 영역에서 공존하기 때문이다.

셋째, 지표 간 수직적, 수평적 관계구조를 정의하는 것이 필요하다. 지표가 단독으로 존재하는 것은 해석 및 활용에서 큰 의미가 없다. 반드시 상·하위 구조와 수평적 연계 구조가 존재하고 이를 명확히 파악하고 정의하는 것이 중요하다. 이것이 지표에 영향을 주는 인자를 파악하는 과정이고, 이 지표의 변동이 영향을 주는 곳이 어디인가를 확인하는 절차이다.

넷째, 지표의 산출식과 알고리즘을 만드는 것이다. 이 산출식과 알고리즘에는 중요한 변수들이 들어가고 이 변수 간의 가중치 등은 과거의 실적 분석을 통해 추산이 가능하다. 이것을 잘 만드는 것이 곧 예측 모델의 시작이자 끝이다.

다섯째, 대시보드Dash Board화하여 변화의 흐름Trend을 파악하고 눈에 보이는 관리하는 것이다. 원인 없는 결과는 없고, 예고 없는 변화도 없다. 우리는 하인리히 법칙Heinrich's Law을 이미 알고 있다. 적어도 어떤 결과를 위해서는 수십 번의 크고 작은 이벤트들이 존재한다. 단지 우리가 그것을 놓치고 있었을 뿐이다.

이상의 절차를 통해 지표가 만들어졌다면 이를 팀의 리더까지 예측에 활용할 수 있는지를 검증 및 판단하면 된다. 여기에 시장과 환경, 기술적 변수들을 상황 변수화하여 결과에 반영함으로써 관리 구조가 완성된다. 이를 바탕으로 전망하고 의사결정에 활용할 수 있다. 한번 만들어진 알고리즘은 완결이 아니고 진화해야 한다. 사용자의 편의성에 대한 고려와 더불어 수시로 시장과 환경, 기술의 변화를 업데이트하고 이를 변수의 영역에서 계속 발전시켜야 계량화와 지표로서 생명력을 유지할 수 있다.

인적자원 역량에 대한 예측 모델이 있는 조직과 없는 조직은 그 성과에서도 결과적으로 현격한 차이가 난다. 지표화의 근본 목적은 전략과 운영의 연계성을 높이는 것에 있다. 아울러 업무를 분석하고 계량화하고, 알고리즘화까지 발전시키는 것은 조직의 생산성과 효율성, 효과성 측면에서도 대단히 중요한 일이다. 유능한 리더는 현재뿐만 아니라 미래에 대한 예측 가능한 변화상도 늘 가지고 있다. 그래야 리더십을 효과적으로 발휘하고, 최적의 팀을 구성하는 데 필요한 팀의 업무 범위 Span와 의사결정 구조Layer를 결정하는 데도 도움이 될 수 있다. 발전의 반대는 현상의 유지가 아닌 퇴보이기 때문이다.

┘ Self Check Point

- ☐ 팀 업무에 대한 성과지표를 관리하고 있는가?
- ☐ 성과지표에 대한 영향요인과 하위지표를 분석하고 있는가?
- ☐ 지표를 맥락 Context 하에서 종합적으로 해석하고 있는가?

제4장

심리적 소유감:
연결과 통합

- 공유된 가치를 팀의 중심으로
- 시너지에 대한 이해: 지식, 전략, 문화, 사람
- 코칭과 변화관리 실행하기
- 지속 가능성에 대한 이슈들

High
Performance
Team

심리적 소유감 Psychological Ownership

조직에서의 직원 행태의 관점에서 심리적 소유감은 개인이 특정 대상(무형 혹은 유형)을 자신의 것처럼 느끼는 심리적 상태이다(Pierce et al, 2001). 또한 개인이 어떠한 대상에 대해 주인의식을 갖게 되는 과정에서 경험하는 심리적인 현상이라 한다(Van and Pierce, 2004). 팀 구성원의 심리적 소유감은 주인의식으로 설명되고, 높은 주인의식이 팀의 성과에 대한 높은 몰입을 가져온다고 볼 수 있다. 이 심리적 소유감을 높이기 위해 리더는 구성원을 팀의 핵심 가치를 중심으로 연결하고, 핵심 자산인 지식과 전략, 문화와 사람을 통합하려는 시도를 멈추지 않아야 한다. 이 과정에서 리더의 꾸준한 노력이 바로 구성원에 대한 코칭과 변화관리이다. 아울러 구성원의 심리적 소유감은 팀의 지속 가능성을 보장하는 결정적 요소가 된다.

공유된 가치를
팀의 중심으로

T E A M   L E A D I N G

    핵심가치란 조직의 구성원을 하나로 묶어주는 공유된 인식이다. 구성원의 행동과 판단의 준거가 되고, 조직문화를 나타내며 최고경영자의 경영철학으로 표현되기도 한다. 대부분의 조직은 잘 정리된 핵심가치체계를 가지고 있다. 핵심가치는 조직 구성원을 한 방향으로 이끌어주는 구심점 역할을 하기 때문에 조직은 핵심가치를 인재상에 반영하여 인재 채용의 기준으로 삼기도 하고, 리더십 개발과 육성에 활용하며, 평가와 보상에 반영하기도 한다. 특히, 핵심 포스트에 대한 승계체계에 인재활용 측면에서, 조직의 지속성이 유지되도록 중요한 판단 기준으로 여긴다. 글로벌 일류기업 GE는 구성원들에게 "아무리 일을 잘해도 가치를 공유하지 못하면 함께할 수 없다고 천명했다". 이처럼 팀의 인적자원 경영에 핵심가치가 대단히 중요한 역할을 담당하고 있는 것이다.

이미 많은 조직들이 핵심가치의 실천 촉진 및 내재화를 위해 Value를 HR 제도에 반영하고 이를 전개 및 확산시키는 데 많은 투자를 하고 있다. 핵심가치는 경영성과로 직결되고, 조직의 핵심 경쟁력의 원천이 되기 때문이다. 이를 위해, 매년 정기적으로 핵심성과지표를 정해 측정하고 있으며, 일상에서의 실천사례들을 모아 구성원이 공유하는 과정을 갖는다. 핵심가치 실천사례 경연대회Value Festival과 같은 행사가 그런 종류의 하나이다.

핵심가치체계는 통상 조직의 최상위 비전을 달성하기 위한 경영철학과 이를 구체화한 핵심가치, 핵심가치를 실천하기 위한 가이드 또는 행동지표로 구성된다. 이 중 핵심가치 실천 가이드는 구성원의 핵심가치 실천방법을 구체적으로 지침화를 한 것으로 이를 토대로 평가와 육성, 선발제도 등에 반영한다. 팀의 인재상은 핵심가치에 부합하는 인재를 선발하고 육성하기 위한 Goal과 같은 것이다. 예를 들어 조직이 추구하는 가치가 창의와 도전이라면, 인재상은 창의적인 인재, 도전적인 인재 등으로 구체화될 수 있고, 이를 인재의 선발과 육성에서 창의성과 도전정신을 고취하기 위한 프로그램을 구성하게 된다. 더불어 인재상에 부합되는 선발기준을 구체화하여, 선발하는 과정에서 질문도 하고, 토의 및 과제 부여를 통해 이를 확인하는 방법 등으로 인재선발에 활용한다.

핵심가치를 평가에 반영하는 것은 핵심가치를 실천하는 행동지표를 도출하고 이를 평가하는 것이다. 통상 이 행동지표는 성과와 역량이 우수한 구성원을 모델로 하여, 그 사람의 핵심가치 실천방법을 분석하여 행동 패턴을 모델링한다. 그리고 이것을 정제하여 평가지표화 한다. 그렇게 되면 모든 구성원의 일체감 있는 행동을 만들어 낼 수 있다. 인재 육성은 전체 구성원을 대상으로 앞서 평가지표로 삼고 있는 행동지표들을 교육과정으로 구현해 내는 것이고, 우수 인재와 리더십 개발 측면에서는 선발형, 선택적 교육과정을 핵심가치에 근거하여 수립한 후 이를 지속적으로 교육함으로써 교육을 성과로 연결할 수 있다. 핵심가치 확산 전개는 일상 업무에서의 행동지표를 통한 실천 우수사례와 교육의 성과들을 모아 반기 또는 연간 단위로 시상하는 제도를 마련하고, 전체 조직이 이를 공유하게 함으로써 전체적인 실천 수준을 높이는 활동을 말한다.

　이러한 핵심가치 경영을 적극적으로 추진하는 국내외 사례는 많다. 또 그들은 이를 통해 괄목할 만한 성과를 이루고 있다. 국내 S사의 경우에는 내부 조직으로 핵심가치실천사무국을 설치하고 이를 체계적으로 추진하였다. 이 사무국을 통해 창업 초기의 창업이념과 경영철학 등을 변화된 경영환경과 업의 특성을 반영하여 재정립하고, 이를 구성원들에게 체계적으로 전파하였다. 이를 통해 글로벌 기업으로의 위상과 괄목할 만한 성장을 이루었다. 해외 C사의 경우에는 180여 년에 이르는 오랜 기업 역사와 함께 핵심가치의 역사를 가지고 있다. 이 중 특히, 사업 영역에서 다각도로 추진하는 글로벌 인수합병 등에 물리적 통합을 넘어 화학적 결합의 방법으로 공유된 핵심가치 전개를 추진하고 있다. 인수합병의 과정에서 구성원들에게 왜 무엇을 통합해야 하는지에 대한 목표가 명확하고, 방법론이 구체화되어 있어 성과에의 기여가 빠르다는 장점을 가지고 있다. 중요한 것은 구성원에게 공유된 가치가 업의 특성과 정합성이 맞아야 하고, 구성원의 가치관으로 자리 잡을 수 있도록 꾸준히 확산 전개 시켜야 만이 성과로 연결시킬 수 있다. 구성원 개인의 성격이나 가치관보다 태도는 좀 더 쉽게 바꿀 수 있다. 구성원의 변화가 필요할 때는 태도부터 접근하자. 태도가 행동을 결정하기 때문이다.

리더가 이끄는 공유된 핵심가치

1990년대 말, 닷컴기업의 신화가 우리 사회를 흥분의 도가니로 몰아넣은 적이 있었다. 당시 수없이 많은 벤처 기업들이 오렌지 컬러와 도전정신으로 무장하고, 생존을 위한 치열한 싸움을 벌였다. '24/7', 오로지 시간과의 전쟁이었다. 새로운 사업모델과 기술, 아이디어만으로 전쟁터에 뛰어들어 한정된 자본과 기술, 지식으로 시장에서 존재 가치를 인정받으면 살아날 수 있었고, 그렇지 못하면 하루아침에 흔적 없이 사라졌다. 생존 전쟁에서 살아남은 이들은 부와 신화를 일궜고, 사라진 이들은 다시 권토중래의 꿈을 꾸었다. 닷컴의 태동과 성장의 시기는 우리나라의 산업계가 유동성 위기에 의한 IMF 구제금융을 거친 후 제조업 중심에서 IT 서비스 산업 위주의 구조로 바뀌는 시기였다. 새로운 질서와 산업의 태동기였다고 할 수 있다. 우리는 지금 또다시 경제와 산업 질서의 재편 시기에 직면해 있다. 4차 산업혁명과 AI, 블록체인 등의 혁신기술은 과거에 우리가 경험하지 못했던 새로운 산업을 잉태하고 있고, 산업의 경계를 무너뜨리고 기술의 융합으로 전혀 새로운 가치가 창조되고 있다. 한마디로 예측할 수 없는 변화와 폭풍이 우리에게 다가오고 있는 것이다.

탁월한 리더가 이끄는 팀의 구성원이 같은 꿈을 꾸면 모두가 하나가 된다. 과거 닷컴이 유례없는 신화를 이 땅에서 만들었을 때도 모두가 주인이었고 CEO였다. 그들은 성공에 대한 같은 꿈을 꾸었고, 때로 실패에 눈물겨운 좌절을 할 때도 늘 다시 일어서는 꿈을 꾸었다. 그 정신과 영혼이 우리에게 살아 있는 것이다. 이것이 바로 탁월한 리더가 이끄는 공유된 가치의 힘이다. 실패를 두려워하지 않고 도전하는 정신, 열정의 불꽃이 늘 타오르는 뜨거운 가슴! 이것은 내가 주체이고 주인이라는 전제에서 출발하고, 무거운 책임감과 자발적 공감에서 비롯된다. 똑같은 상황에서도 내가 주인이라고 생각하면 모든 것을 대하는 사고와 태도가 달라진다. 한번 쓰러져도 또다시 일어설 용기가 생기고, 해답을 찾을 때도 머리가 아니라 가슴이 OK 할 때까지 늘 가슴 설레는 일을 찾는다. 그들은 도전의 가치를 알고 있고, 실패를 통해서도 자산을 남기는 도전을 한다. 누구나 시작은 같을 수 있지만 결과는 다르다. 도전할 수 있는 용기와 가치를 어디에서 찾느냐가 중요하기 때문이다.

스타트업의 성공은 기업가 정신Entrepreneurship과 같은 공유된 가치가 좌우한다. 기업가 정신의 또 다른 표현은 바로 리더와 구성원 상호 간의 강한 신뢰다. 신뢰를 다른 말로 풀면 진정성이라고도 할 수 있을 것이다. 이는 투자자나 고객, 협력사 등과의 관계에서도 반드시 필요하지만, 구성원과의 관계에 있어서도 더더욱 필요한 덕목이다. 신뢰가 최후의 보루이다. 이것이 무너지면 그 위에 쌓아온 모든 것은 의미가 없다. 회사가 휘청거릴 정도의 손해가 있더라도 고객과의 신뢰를 더 중요하게 지켜야 한다. 그래야 그 위에 다시 일어설 수 있다. 스타트업의 CEO는 종교적 신념에 가까운 의지와 확신을 가지고 있다. 그래야 함께 배에 올라탄 구성원들도 두려움이 없어진다. 폭풍우 속에서 선장이 두려워하는데 어느 누가 두려움을 용기를 내겠는가? 늘 경쟁에서 늘 이기는 사람은 없지만, 늘 이길 수 있는 사람은 있다. 그 사람은 절대 패하는 법이 없다. 늘 '이길 때까지 싸우기 때문이다'. 전장의 맨 앞에서 말 달리는 장수처럼 의연하고 확신에 찬 리더십이 리더와 헌신적인 구성원에게 필요하다.

무엇보다 중요한 것이 리더가 공유된 가치를 토대로 팀의 방향성을 견지하는 것이다. 끊임없이 목표와 정렬하고, 속도를 조절하고, 전술을 다듬어야 한다. 방향만 맞으면 결과는 언제든 목표에 도달할 수 있다. 실패와 쉬어가는 것을 구분하자. 실패는 내가 포기했을 때가 실패한 것이다. 시련이 와도 포기하지 않는 한 희망은 있다. 이것이 바로 공유된 가치이다. 우리의 일상에서 팀과 구성원에게 공유된 가치가 있는 한 실패란 없을 것이다. 단지 도전의 과정만 존재할 뿐이다.

⌐ Self Check Point

- ☐ 리더가 확고한 신념과 가치를 지니고 있는가?
- ☐ 구성원에게 팀의 가치가 공유되고 있는가?
- ☐ 공유된 가치가 일상에서 강조되고 실천되고 있는가?

시너지에 대한 이해:
지식, 전략, 문화, 사람

공유와 연결

구성원이 각자의 경험과 지식을 서로 공유하고 연결하는 지식경영 KM, Knowledge Management 의 시작은 조직의 핵심역량인 물리적 자원과 더불어 지식, 경험, 기술 등의 지식기반 무형자산의 중요성이 강조되기 시작하면서부터이다. 이러한 흐름은 조직 생존을 위한 경영방식의 변화를 요구하였고, 일선 현장에서 학습조직과 같은 형태로 조직의 핵심역량을 발전시키기 위한 방법론들이 나타났다. 지식경영의 실천은 학습조직의 형태로 자리를 잡았다. 학습조직은 팀 내에 지식을 창출시키고, 유지·발전시키는 역할을 한다. 앞으로의 경영은 서로 다른 이종의 기술, 이종의 지식 간에 융합된 새로운 가치와 지식이 확산될 수밖에 없다. 우리는 이러한 흐름과 변화를 4차 산업혁명이나 융합 혁신 등의 어젠다를 통해 확인할 수 있다. 이러한 변화의 흐름에서 경쟁력을 유지하기 위해서는 단위 조직 내의 크고 작은 혁신 활동을 핵심역량으로 쌓아가야 한다. 이를 위한 첫 번째 시작이 바로 학습조직을 각 단위 팀 또는 유사 기능 단위나 업무연관 단위별로 구성하여 운영하는 것이다. 물론 자생적으로 생겨나는 것이 가장 좋으나, 필요한 경우 조직의 경영전략 차원에서 적극적으로 이를 추진하는 것도 필요하다. 학습을 통해 얻게 된 지식을 내부에 축적하기 위해서는 지식 데이터베이스나 유통 허브와 같은 물리적, 시스템적 인프라도 필요하다. 모든 것이 처음부터 완벽하게 갖추어질 수는 없다. 온·오프라인에 구애됨이 없이 조직의 여건에 맞게 다양한 네트워킹 채널과 인프라가 구축되고 지속적으로 운영될 수 있도록 하면 된다. 이러한 학습조직은 결국 조직 구성원들의 통찰력, 창의력의 발전과 전문성의 심화 등으로 나타난다. 물론 지식자산의 발전은 단시간 내에 그 성과가 나타나는 것은 아니다. 꾸준한 인내심을 가지고 조직의 최고경영자가 지속적으로 드라이브를 걸어야 한다. 그리고 팀 학습이 체질이 되도록 리더가 의도를 가지고 장려를 해야 조직의 생존에 기여할 수 있는 수준이 된다.

모든 사물의 생성과 폐기에는 사이클이 존재한다. 학습조직을 통해 생성된 지식자산 또한 마찬가지다. 지식의 창출과 생성은 구성원 각자가 다양한 업무 경험 등을 통해 체득한 지식과 정보를 만들고, 공유하는 과정에서부터 시작된다. 성공과 실패에서 배우기도 하고, 회의나 교류를 통해 정보를 직간접적으로 습득하기도 한다. 이러한 지식의 창출

단계에서는 구성원의 관심과 지적 호기심이 필요하다. 다음으로 창출된 지식을 다른 조직 및 다른 구성원과 공유하는 과정이다. 이때 학습조직 등의 방법이 효과적이다. 아울러, 온·오프라인 등을 통해 다양한 채널로 실시간으로 공유하고 확산하는 것이 필요하다. SNS를 통해 간단하게 공유하는 방법도 있을 수 있고, 공유 장터 등의 조직 내 마켓을 통해 지식을 거래하는 방법도 있다. 이렇게 창출되고 공유된 정보는 조직 내 인프라망을 통해 체계적으로 저장하고, 이를 필요할 때마다 구성원들이 수시로 찾아서 활용할 수 있게 해주는 것이 필요하다. 인간의 기억과 기여는 유한하지만, 조직은 지속 가능성을 확보해야 한다. 저장을 통해 쌓인 정보는 당장은 아닐지라도 언젠가는 엄청난 위력을 발휘할 수 있다. 신사업도 그렇게 쌓인 성공과 실패의 경험에서 찾아내는 경우가 많다. 글로벌 기업 C사의 경우 180여 년에 이르는 R&D 경험을 차곡차곡 쌓아두었다가, 사업상 필요가 있을 때 이를 활용하여 단시간 내에 성과를 창출해 낸다. 당장은 쓸모가 있을지 없을지 판단할 필요가 없다. 단지 도전해 볼 가치가 있는 것이라면 도전하고, 실패했더라도 자산으로 체계적으로 쌓아간다. 우리가 잘 아는 3M의 포스트잇도 그런 실패의 한가운데에서 찾아낸 성공이다. 마지막으로 지식의 폐기단계이다. 지식의 창출 못지않게 폐기 프로세스 또한 중요하다. 폐기 위에 새로운 가치와 지식이 창출될 수 있다. 어떤 면에서 지식의 폐기과정은 조직의 기득권과도 연관된다. 어느 순간 새로운 지식의 창출이 정체된다면 지식과 정보의 기득권 문제를 짚어볼 필요가 있다. 새로운 변화를 가로막는 요인과 지식 유통의 병목 지점을 찾아 과감하게 이를 극복해야 한다.

이와 같은 활동을 경영의 단위에서 체계적으로 수행하는 것이 바로 지식의 공유와 학습의 연결이고, 조직의 미션과 전략 그리고 일상의 혁신 활동과 연계하는 것이다. 이러한 활동이 조직의 전략의 단위에서 논의하고 구성하는 가치창출 활동의 근간이 되게 하고, 조직의 문화 차원으로까지 발전시켜야 한다. 이러한 활동들은 조직의 규모가 큰 대기업 집단에서도 필요하지만, 실제로는 구성원의 유동성이 높아 인적 의존도가 큰 중소기업 단위에서 공유와 학습의 체계 마련이 더욱 필요할 것이다.

통합적 접근

리더가 팀의 전략적 목표 달성을 견인하고, 이를 뒷받침할 수 있는 조직문화적 기반 형성을 주도하며, 실행력 있고 효과적인 인적자원운영을 하기 위해서는 팀 활동과 인적자원운영을 통합적 관점에서 주도하는 리더십이 필요하다. 이러한 관점은 대부분의 조직에서 경영 핵심 역량으로 자리를 잡아 가고 있고, 다양한 전략적 시도들을 통해 통합적 접근의 필요성과 그 효과가 입증되고 있기 때문이다. 그러나, 여전히 우리의 현실은 가야 할 길이 멀다. 이것은 사람의 일이고 최고경영자의 경영철학과 구성원 개개인의 참여 전제의 조직문화를 바탕으로 하기 때문이다. 그럼에도 불구하고, 우리는 프로세스 통합관점의 실천 가능한 전략을 찾고 이를 하나씩 실현해 나아가야 한다. 미래 경영에서 가장 중요한 하나가 바로 경영과 인적자원운영, 조직문화 간의 과제들을 전략적으로 연계시켜 나가는 일이기 때문이다.

"기업은 사람이다"라는 신념을 일생을 거쳐 실천한 탁월한 경영자를 우리는 잘 알고 있다. 바로 삼성그룹 고 이병철 창업회장이다. 그의 경영철학에는 사업을 통해 국가에 기여한다는 '사업보국'의 커다란 명제와 똑같은 무게로 '인재제일'이 명문화되어 있었다. 이 탁월한 경영자보다 더 경영과 인사를 통합적으로 견지한 이도 없었다. 우리에게 사업을 견인할 준비된 인재가 있다면, 어떠한 도전도 주저할 이유가 없을 것이다. 반대로 뛰어난 아이디어와 시장, 기술이 있어도 이를 성공적으로 이끌어 갈 사람이 없다면 결코 성공할 수 없다. 경우에 따라서 도전조차도 해볼 수가 없는 상황에 직면한다. 이러한 경험을 한 번쯤 해본 경영자들이 조직을 이끌어 간 핵심인재를 찾아 나서고, 최고경영자보다 더 많은 연봉을 지불하는 것도 결코 주저하지 않는다. 때로는 어떤 분야에서 그 인적자원을 활용하게 될지에 대한 확실한 로드맵이 없어도 투자할 가치가 있는 인재라면 주저함이 없이 경쟁적으로 확보한다. 이는 사람이 전략의 핵심축이고, 투자의 대상이 되었기 때문이며, 미래는 오직 준비된 자에게만 기회를 주기 때문이다. 구성원에 대한 관점도 바로 사업전략과 인적자원운영전략의 통합적 관점에서 출발한다. 미래를 보고 인재에 투자하고, 시장의 기회를 보고 글로벌 현지에 내보내 국가와 지역의 문화적 역량을 쌓게 하고, 인적 네트워크와 현지 언어의 소통역량도 구축하게 한다. 뛰어난 현지 인재는 채용한 후 국내 조직에서도 근무하게 하여 일체감도 만들어 간다. 이 모든 것이 조직의 사업전략과 인사전략의 통합에서 출발한다. 경쟁의 속성 중 하나는 조금만 늦어도 영원히 기회가 없을 수 있다는 것이다. 때문에, 패스트 팔로

우어 Fast Follower 의 원리가 적어도 인재 Talent 에 대한 관점에서는 잘 맞지 않는다. 섣불리 단정해서는 안 되지만 '승자독식, Winner Takes All Market'은 냉혹하지만 현실이기 때문이다.

조직문화를 어떻게 이끌어 갈 것인가에 대한 고민은 리더의 핵심 책무 중 하나이다. 조직문화의 다른 표현이 바로 '일하는 방법'이고 일은 사람이 하기 때문이다. 무엇보다도 조직문화는 그 지향점이 사업목표 및 전략과 일치해야 한다, 경쟁력 있는 조직문화가 팀의 성과를 높이기 때문이다. 사업은 첨단 업의 특성을 가지고 있고, 경영환경은 밤낮으로 바뀌는데, 구성원의 사고는 과거에 머물러 있고, 일하는 방식은 변화를 거부하고 비효율성이 높아진다면 그런 비즈니스를 하는 조직이 과연 지속 가능할 수 있을까? 선도 기업들은 미래에 대한 비전을 논할 때 반드시 조직문화의 변화를 함께 논의한다. 사업이 글로벌 리더가 되고자 한다면, 조직문화도 글로벌 가치를 수용할 수 있는 면모를 갖추어야 하기 때문이다. 사업 비전의 달성은 조직문화 비전의 달성을 통해서만이 가능하다. 만약 그런 경우가 아니라면 그 사업 비전은 그리 도전적이지 않거나, 구성원의 역량 결집이 그 정도로 필요하지 않았기 때문일 것이다. 도전할 가치가 있는 도전에 모든 것을 걸 수 있어야 진정한 도전이다. 이러한 인식으로 변화를 이끌어 주는 것이 바로 조직문화의 역할이다. 리더와 관련 조직이 먼저 변화를 실천하여야 한다. 모든 것의 출발은 사람에서부터 출발하기 때문이다. 리더의 올바른 인적자원 전략은 구성원을 채용하면 조직 내에서 성장 경로를 그리고, 전문가 육성과 리더십 육성을 위한 파이프 라인이 제공되고, 성장단계와 역량발휘 단계에 맞춤화된 직무를 부여하고 성과를 평가하고, 공정한 보상정책을 운영해야 한다. 그러한 실행이 사업전략 및 조직문화와 통합적으로 연결되어 연속적으로 이뤄질 때 조직 내에서 인재를 가장 효과적으로 육성하고 활용하는 것이 된다. 때문에 리더와 관련 조직이 이러한 통합적 시각과 전문성을 갖추고 있어야 한다.

이와 같이 경영전략과 인적자원의 통합적 운영이 효과적으로 이루어지지 않으면, 결국에는 조직역량의 분산뿐만 아니라, 자원의 낭비와 더불어 조직의 목표 달성에도 악영향을 끼치게 된다. 결국에는 인적자원 운영을 담당하는 부서는 비능률적 조직으로 전락하고, 팀 매니지먼트 리더십은 그 역량을 의심받게 될 수 있다. 좀 더 냉정하게 보면, 물질적 원료나 부품 등의 다른 자원은 재고로 존재해도 적어도 최소한의 자산가치는 유지된다. 그러나 인적자원은 제대로 활용하지 못하면 마이너스 자원이 되고 다른 자원에 부정적 영향을 주는 특성까지 강화를 시킨다. 즉, 인적자원은 가만히 두었을 때 유지가 아니라 퇴보한다. 리더십과 HR 부서가 경영전략과 통합되고 조직문화와 통합된 인적자원운영 전략을 추진해야만 하는 이유이다.

 ⅃ Self Check Point

_____

□ 팀 전략과 구성원의 지식과 경험의 공유와 학습이 연계되어 있는가?

□ 지식의 공유와 학습 프로세스가 존재하고 실행되고 있는가?

□ 팀 전략과 문화, 인적자원운영을 통합하고 있는가?

_____

코칭과 변화관리
실행하기

T E A M   L E A D I N G

코칭 어떻게 해야 하나?

리더와 성과 사이에는 리더십이 존재한다. 그 리더십을 발현하는 스타일에는 여러 가지가 있는데, 그중 하나가 바로 코칭과 변화관리 리더십이다. 코칭은 조직 구성원의 역량을 향상시키는 데 있어 가장 효과적인 방법으로 평가되고 있고, 앞으로도 직무성과창출과 역량개발, 리더육성 등에 있어 핵심적인 방법론으로 자리매김하게 될 가능성이 높다.

리더가 구성원의 성과를 관리하고 촉진하는 방법은 여러 가지가 있다. 세밀한 일정표에 의거 목표의 수준과 진척 여부, 실행과제 등을 점검하기도 하고, 목표를 부여하고 실행 과정과 방법은 구성원의 자율에 맡기기도 한다. 코칭은 이러한 과정에서 구성원과 소통하는 방법이다. 리더는 본인이 보유한 경험과 지식을 코칭이라는 수단을 통해 구성원의 성과창출과정에 개입한다. 이를 통해 구성원에 대한 성과 주도성을 유지하면서 효과적으로 성과창출을 촉진시킬 수 있다. 일상에서의 코칭은 리더와 구성원 간에 긴밀한 유대감을 형성시켜 소통의 활성화를 기할 수 있다. 이처럼 코칭은 리더의 지식과 경험이 일상에서 구성원에게 체계적으로 전수되는 과정이고, 상시적인 소통 채널인 것이다. 또한, 코칭은 성과관리 외에도 인재육성 측면에서도 효과적으로 작용한다. 가장 효과적인 인재육성은 과거와 같이 주입 및 전달식 교육에 국한하는 방식이 아니라, 업무를 수행하는 과정에서 일을 통해 육성하는 방식이기 때문이다. 조직에서는 일을 통한 육성이 가장 경제적이고 효과적이라고 판단된다. 이것을 가능하게 해주는 것이 바로 코칭 리더십이다. 일을 통해 핵심직무 수행자에 대한 승계체계를 갖추는 것이 바로 후계자 육성제도 Succession Plan 이고, 코칭은 이를 가장 안정적으로 수행할 수 있게 해준다. 코칭은 육성과 직무수행이 일체화되어 이뤄진다. 한정된 자원을 가장 효과적으로 활용하는 방법이기 때문이다. 이제는 리더의 코칭이 일상에서 자연스럽게 이뤄지도록 해야 한다.

코칭을 잘하려면 어떻게 해야 할까? 첫째, 구성원의 주도성에 대한 존중이 필요하다. 리더의 구성원에 대한 존중은 자기 주도의 업무 주체성을 갖게 해주는 것이고, 구성원 스스로 솔루션을 찾게 하는 가장 효과적인 기술이다.

둘째, 리더는 경험과 지식 전수자의 관점을 견지해야 한다. 관리 감독자보다는 전수자가 되어야 공감대를 넓힐 수 있다. 전수자만이 구성원과 일체화가 될 수 있고, 솔루션의 책임자도 될 수 있다. 따라서 함께 고민해 좋은 결과를 모색해 간다는 자세를 견지하는 것이 중요하다.

셋째, 코칭을 통해 전달하고자 하는 메시지가 명확해야 한다. 일상의 대화와 코칭이 다른 점이 바로 이것이다. 조직에서의 코칭은 목적과 메시지가 명확해야 한다. 코칭 또한 시간과 자원이 투자되는 조직 행위이기 때문이다.

넷째, 구성원이 스스로 판단하고 행동하게 하고, 그 과정과 결과에 대한 피드백을 반드시 해야 한다. 코칭과 실행, 피드백의 사이클이 명확히 되어야 체계적인 성과관리도 할 수 있다. 피드백 없는 대화는 그저 일상의 대화일 뿐 성과로 잘 연결되지도 않는다.

리더가 엉뚱한데 바쁘면 조직환경의 변화를 제대로 읽지 못하고, 환경의 변화를 정확히 못 읽으면 올바른 의사결정을 할 수가 없다. 결국은 조직성과를 저해하는 결과를 초래할 수도 있다. 리더는 자신의 시간 중 적어도 절반 이상을 구성원의 성과창출과 역량개발을 지원하는 코칭에 활용해야 한다. 이제 리더는 감독자가 아니라 코칭 전문가가 되어야 한다. 그래야 조직의 성과를 효과적으로 창출할 수 있고 구성원도 체계적으로 육성할 수 있기 때문이다.

왜, 변화관리가 필요한가?

조직문화는 조직 내 구성원들 간에 형성된 암묵적 합의와 체질화된 행동 양식과 같은 것이다. 이 조직문화에는 업무환경, 일하는 분위기,

회의, 보고, 의사결정, 권한위임, 근무제도, 노사관계 등 다양한 요소들이 구성을 이루고 있다. 최근 국내 주요기업 조직문화의 대체적인 흐름을 보면 과거 수직적, 위계적, 관리와 통제 위주의 일사불란함을 추구하던 경직성이 높았던 조직문화가 수평적 관계기반의 창의적 조직문화로 바뀌어 가고 있다. 이는 사업이나 경쟁 환경이 과거보다 변화가 빨라지고 미래에 대한 예측이 점점 어려워짐에 따라 신속하게 환경 변화에 유연하게 대응할 수 있는 체질과 구조, 문화가 필요하기 때문이다.

이러한 조직문화를 조직에서 중요시하는 이유는 크게 3가지로 볼 수 있다. 첫 번째는 경영자의 관점에서 구성원의 일체감과 동질성을 형성하기 위한 것이다. 두 번째는 구성원의 관점에서 내가 일하고 있는 조직과 업무환경의 변화를 위한 것이다. 세 번째는 고객의 관점에서 제품과 서비스 선택의 기준이 되기 때문이다. 이는 "고객은 물건이 아니라 가치를 사는 것이다"는 말과 일맥상통한다. 그러면, 왜 우리는 지금 조직문화를 말해야 할까? 과거에는 조직문화 혁신을 추구하지 않았을까? 아니다. 전혀 그렇지 않다. 과거에도 조직문화는 중요시되었고, 구성원에게 중요한 가치 기준이 되었었다. 그렇다고 조직문화를 마치 패션이나 유행처럼 받아들여서도 안 된다. 새로운 가치를 위해 과거를 완전히 부정하는 것도 맞지가 않다. 역사는 늘 현재의 토대 위에 발전하는 것이다. 우리는 가끔 단절적 변화를 말할 때가 있다. 그러나 단언하는데 조직에서 단절적 변화는 결코 쉬운일이 아니다. 모든 것이 과거 우리가 살아오고 성장해 왔던 토양 위에 유전자가 변형되거나, 발전된 보다 새로운 작물을 심는 것임을 때로는 받아들여야 한다.

조직문화는 조직의 관점에서 보면 그 조직의 정체성이다. 또 구성원이 지녀야 할 공유된 가치와 행동 양식이 되기도 한다. 때문에 핵심가치 Value 등으로 구체화시키고, 행동지표화하여 일상생활화를 장려하고 있다. 더불어 이를 통해 생산성을 높이고, 공유된 가치에 의해 구성원들의 의사결정과 행동의 판단 기준이 되도록 하고 있다. 또한, 경영철학과 방침의 관점에서 조직을 일체감 있고 효율적으로 운영하는 매우 유용한 방법이 되기도 한다.

때로 조직문화가 정체되고 왜곡되면, 조직 이기주의나 관리자의 권위주의, 경직된 사고와 비효율적인 내부프로세스 등의 문제가 나타나기도 한다. 이러한 문제들이 어떤 문제요인에 의해 조직문화로 포장되어 호도되는 경우도 있고, 조직 내부뿐만 아니라 사회적 문제로도 나타남을 우리는 주변에서 쉽게 볼 수 있다.

스스로 발전해 가는 조직은 없다. 정기적으로 팀의 조직문화 수준을 진단하고 끊임없이 개선을 시도해야 한다. 조직문화는 변화하지 않으면 유지하기도 어렵기 때문에 이러한 활동들을 꾸준히 하는 것이 중요하다. 이러한 활동에 있어 내부역량이 부족하면 외부자원을 활용해서라도 이를 객관적으로 진단하고 발전시켜야만 한다.

변화관리방법과 절차

조직문화의 바람직한 변화 방향을 생각해 보자. 물론 각각의 조직마다 조직문화를 통해 추구하는 바는 다를 수 있다. 그러나 표현만 조금 다를 뿐 본질은 큰 차이가 없다. 때문에, 대부분의 기업들이 초기 창업

당시의 가치를 변화된 시대상을 반영하여 업그레이드하는 형태로 본질은 유지하면서도 발전적 변화를 꾀하고 있다. 이것은 조직문화가 최고 경영자의 경영철학과 사업의 본질, 업의 특성까지도 반영하고 있기 때문이다. 리더로서 팀에 요구되는 조직문화의 가치를 설정해 보자. 수평적, 자율중시, 유연함, 창의적, 권한위임 등 여러 주제를 떠올려 보고 어느 것이 팀의 궁극의 목표를 달성하는 데 있어, 구성원들이 공유해야 할 중요한 가치인지를 판단해야 한다. 그리고 구성원과 함께 행동지침으로 구체화해 보자.

조직문화의 변화 실행은 상향식 Bottom-up 의 전개도 가능하고, 하향식 Top Down 의 전개 방법도 가능하다. 중요한 것은 형성의 배경이나 전개하는 순서가 아니라 공감의 수준이다. 구성원이 함께 공감해야 빠르게 정착될 수 있기 때문이다. 예를 들어 조직문화를 창의성이 더 높은 문화로 바꾸길 원한다면 무엇을 해야 할까? 첫째, 현재 조직문화의 위치를 파악해야 한다. 이를 위해 설문이나 인터뷰, 워크숍 등 다양한 방법을 활용할 수 있을 것이다. 둘째, 이를 토대로 현재 팀 문화의 강·약점과 보완점을 판단해 보아야 한다. 잘하고 있는 것은 살리고, 문제가 있는 부분은 과감한 수술이 필요하다. 셋째, 변화 방향을 구체화하여 명확히 설정해야 한다. 파악된 강·약점 중에서도 취하거나 버려야 할 것이 분명히 있다. 문제점은 고치되 어떤 방향으로 지향성을 갖도록 고칠 것인지를 정의해야 한다. 방향이 잘못되면 그간의 수고는 물론이고 원점으로 되돌아오는 데 수많은 노력과 자원이 투자된다. 넷째, 실행과제를 구체화하고 이를 지속적으로 실행 및 관리 Follow Up 를 해가야 한다. 이를 위해 변화관리자를 지정하고, 모든 조직의 역량을 모을 수 있도록 협의체를 구성하여 최고경영진을 중심으로 정기적으로 진척과정을 확인하는 것이 중요하다. 이를 효과적으로 하기 위해 조직문화 변화관리 대시보드Dash Board를 만들어 활용하는 것도 눈에 보이는 관리 차원에서 좋은 방법이다.

조직문화도 달리 보면 직원에 대한 복지의 일환이 된다. 새로운 인재가 조직을 선택하는 기준이 되기 때문이다. 그만큼 조직문화에 대해 중요하게 생각하는 추세가 강화되고 있다. 그래서 매년 조사기관이 나서서 '직원들이 일하기 좋은 회사' 몇 개를 뽑고 있고, 이를 구직자 등은 선택의 기준으로 활용을 하고 있는 것이다. 새로운 조직문화의 구축 방향과 목표를 정하고 관리방법까지 검토를 마친 다음에는 실천해야 할 항목들을 변화 방향에 맞춰 구체화하자. 예를 들어 회의나 보고문화의 변화, 물리적 업무환경의 변화, 권한의 조정, 근무제도의 변화, 근무 및 복지제도의 개선 등 다양한 영역에서 검토하고 실행할 수 있을 것이다. 가장 중요한 것은 조직문화의 변화 방향과 맞아야 한다는 것이다. 조직문화는 정답이 없다. 사업 특성과 조직환경을 고려하여 자신에게 맞는 옷이면 된다. 그리고 그것을 구성원들이 입고 실천하는 데 있어 거북하지 않으면 된다. 너무 크거나 작은 옷을 입어도 불편하다. 조직문화는 생활화되면 지극히 편하고 아름다워야 한다. 그래야 팀의 성과에 기여하는 방향으로 체질화된다. 조직문화는 성과를 담는 그릇과 같다. 조직이고 구성원 그 자체이기 때문이다.

조직문화는 해당 조직 고유의 컬러이고 구성원들이 일하는 환경이다. 구성원 관점에서 보면 조직문화는 업무환경이고, 리더의 입장에서도 조직문화는 경쟁력 있게 가꾸어야 할 소중한 자산의 하나이다. 조직문화에 대해 중요성을 인식한 조직에서는 정기적으로 현재의 수준을 파악하고 발전 방향을 구성원들에게 묻는다. 그리고 각 부문의 리더와 전문가들이 참여하는 커뮤니티를 통해 개선 방향을 지속적으로 모색해야 한다.

조직문화 진단은 사전에 변화 방향이 정해지고, 그에 맞춰 현 수준과의 차이Gap을 분석해 가는 방식이 보편적이다. 물론 절차상으로는 현 수준을 먼저 진단하고, 토의를 통해 변화 방향을 모색하고, 그것을 위해 무엇을 바꾸어 나갈 것인지를 단계적으로 검토하는 형태도 일반적으로 취하고 있으나, 일선에서는 이미 조직문화에 대한 최고경영진의 변화 의지가 명확하고 변화 방향이 제시된 경우가 많으므로 사전에 변화 방향은 설정되어 있는 경우가 보편적이라고 보면 된다. 일의 순서가 바뀌었다고 해서 잘못된 전개는 결코 아니다. 조직문화의 특성이 그러한 전개에 더 맞는 경우가 있다는 것이다. 특히 스피드와 효율을 중시하는 조직에서 변화를 추구할 때는 더더욱 그러하다.

어찌 되었든 변화 방향이 제시되면, 리더와 관련 부문의 전문가로 구성된 전담팀이 현재 조직문화에 대한 현 수준 확인을 실시한다. 이때 가장 보편적인 것이 설문조사이고, 전문가들이 참여하는 대표 그룹 심층 면접FGI, Focus Group Interview도 병행한다. 아울러, 조직문화에 영향을 미치는 다양한 이슈들의 실태도 종합 분석 하게 된다. 이러한 과정이 조직문화의 현 수준 파악을 위한 첫 번째 활동들이다. 현 수준이 파악되면 변화하고자 하는 To Be와의 Gap을 확인하는 단계가 있다. 가급적 목표는 세분화하고 구체화해야 Gap을 정확히 확인할 수 있다. 이를 통해 현 수준부터 목표까지의 거리를 확인하고 구체적인 실행과제Action Item를 도출한다. 실천과제가 준비되면 해당 부문 간에 역할 분장을 하게 되고, 이를 실행하고 결과를 중간 점검 하는 회의체를 설치하여 운영한다. 이때 실무부서 외에도 관련되는 경영진들이 정기적으로 협의체 Steering Committee 형식으로 참여하여 추진 과정에 힘을 보태면 더욱 좋다.

조직문화는 결국 구성원들이 변화의 목표와 필요성을 인식하고 과정에 적극적으로 참여할 때 효과가 크다. 구호를 만들고, 몇 군데 걸어놓는다고 해서 조직문화가 변하는 것은 아니다. 실천 구호를 만들고 심지어는 아침저녁, 회의 시작과 종료 시, 서로 간에 마주쳐서 인사할 때 등 일상화를 하는 경우가 있으나, 그렇게 한다고 해서 하루아침에 행동이나 의식이 바뀌는 것도 아니다. 중요한 것은 필요성을 느끼고, 변화의 피로감이 아닌 적극적인 동참에서 나오는 즐거움이 진정한 변화의 원천이다. 리더들은 이러한 활동이 단기간에 성과로 나타나기를 희망한다. 그러나 잘 알다시피 조직문화는 하루아침에 성과로 나타나는 것이 아니다. 행동이 변하면 의식이 변하고, 성과도 변한다는 과정을 착실히 인내심을 가지고 이행해 가는 것이 중요하다.

조직문화의 변화를 위해 하는 활동 중 대표적인 것이 슬로건을 만들고, 상징물을 제정해 조직 내에 활용하는 것이다. 보이는 것부터 바꾸어 가고, 시선이 닿는 곳마다 변화의 인식을 주기 때문에 매우 유용하고 효과적인 방법이다. 그러나 이러한 것이 전부는 아니다. 경우에 따라서는 이러한 것들이 매너리즘에 대한 논쟁을 촉발하는 경우도 있지만, 눈에 보이는 것부터 변화하기 위해 꼭 필요한 방법들이기는 하다. 혁신의 구호는 짧고 강렬할수록 좋다. 혁신이 일상화되면 더없이 좋을 것 같으나, 사실은 조직에 대한 피로감이 먼저 오고, 무감각해진다. Top에 의한 강력한 견인력도 마찬가지다. 가장 효과적인 방법은 초기에는 강력한 최고경영자의 견인력이 필요하고, 일정 궤도에 오르면 관리방법도 함께 성숙해지는 것이 필요하다. 전담하는 조직이 있다면 그러한 의사결정을 통해 일정 수준에 도달하면 일상의 활동들은 팀의 리더들이나 구성원 개인 차원의 자율적 활동으로 전환하여 유지하고, 전사 차원의 조직문화혁신 리더십은 계속해서 보다 발전된 가치를 찾아 업그레이드를 해 가면 해당 조직의 역량도 그만큼 발전하게 된다.

조직문화의 발전과 혁신에는 종착점이 없다. 일상에서의 새로운 경험이 변화의 지향점이다. 그렇다고 단기성과에 매몰될 경우 자칫 조직문화의 변화 방향성을 상실할 수 있다. 꾸준히 추진하고, 그 과정을 구성원과 공유하고, 방향을 일관성 있게 유지하는 것이 성공으로 가는 유일한 길이다. 조직문화가 구성원에게 체질화되려면, 그것들이 행동기준으로 일상화되어야 한다. 조직문화와 핵심가치, 경영철학은 경영자와 리더, 구성원이 함께 가는 하나의 인식이고 구성원의 조직 행동의 판단 근거이다. 가장 건전한 상태로 늘 유지되고 발전될 수 있도록 팀리더의 세심한 관리가 필요하다.

ꓶ Self Check Point

☐ 리더에게 나름의 구성원 코칭 전략이 있는가?
☐ 팀 조직문화의 정체성은 무엇인가?
☐ 팀 조직문화의 변화 방향과 실행과제는 무엇인가?

지속 가능성에 대한
이슈들

TEAM LEADING

　　조직은 인적자원을 확보, 유지, 활용하는 과정에서 수많은 법률이슈나 운영상의 문제들에 직면한다. 특히, 최근 들어서는 고용과 노동시간, 최저임금제, 정년연장과 임금피크제, 모성보호, 휴일과 휴게시간, 개인정보 보호 등 수없이 많은 이슈들이 쟁점화되고 있고, 지속적으로 법 규정이 제정 또는 개정되고 있다. 이 중에 특히 법 규정과 관련된 사항들은 관련 전문가들의 자문을 받으면 되지만, 리더가 조직을 운영하는 일상에서의 이슈들은 경험과 사례들을 통해 리더의 역량으로 축적해 나가야만 한다. 이슈들을 모두 다룰 수는 없지만, 현장에서 자주 발생하는 사항 중 리더가 반드시 알아야 할 중요한 사항 몇 가지들을 관련 법규와 인적자원운영 측면에서 다루어 보고자 한다.

우선, 우리가 보편적으로 사용하는 용어지만 근로와 노동의 차이에 대해 생각해 볼 필요가 있다. 근로와 노동은 노동자가 제공하는 노동력을 바라보는 관점에 따라 달라진다. 근로는 임금을 목적으로 하는 노동에 '근면 성실'이라는 정신적 가치가 추가된 것이고, 노동은 육체적 정신적 노동 그 자체를 임금의 대가로 보는 것이다. 임금의 대가는 노동 그 자체여야 한다. 종속 관계에서의 헌신은 임금을 목적으로 인간의 존엄성 그 자체마저 종속되는 결과를 초래할 수 있기 때문이다. 이 장의 본론에서 여러 이슈들을 다루기 전에 노동자가 임금을 목적으로 제공하는 가치에 대한 얘기를 먼저 다룬 이유는, 이후 인적자원에 대한 법률적 운영 측면에서 바탕에 둬야 하는 중요한 관점이고, 목적에 대한 명확한 정의가 없으면 이후 그 경계를 넘나드는 리스크가 발생하기 때문이다. 더불어 팀과 구성원 간의 포괄적 고용조건을 규정하는 대표적인 것이 법률 측면에서는 노동관계법이 있고, 조직 내에는 구성원과 관련한 기본적인 사항들을 규정한 취업규칙이 존재한다. 노사관계 측면에서는 노동조합과 회사와의 사이에 단체협약이 체결된다. 이러한 포괄적인 법률과 규칙, 협약은 조직과 구성원 간의 권익 및 책임과 의무의 관계를 정의하고 있고, 이와 관련한 이슈들 또한 앞서 얘기한 법률과 규칙, 협약들의 내용을 조직과 구성원의 상호이익 관점에서 어떻게 정의하고 조정할 것인가 하는 문제들이다.

조직이 노동력을 필요로 할 때 첫 번째로 하는 행위가 바로 채용이다. 이는 조직의 목적에 맞는 적합한 인재를 선택하는 과정으로 법률적으로는 채용과정에서 모든 지원자에게 합리적 기준에 따라 차별이 없이 기회 균등의 원칙과 차별금지의 원칙을 적용해야 할 의무가 있다.

또한, 조직 관점에서 적합한 인재를 선택하기 위해 요구하는 인재상을 명확히 하고 기준에 부합되는 인재를 선발하는 절차이다. 법률적 차별의 대상에는 채용을 목적으로 연령, 성별, 인종, 신체, 학력 등의 차별을 두어서는 안 되고, 오직 전문성과 능력에 의해 채용하도록 하고 있다. 이때 활용하는 대표적인 방법 중 하나가 블라인드 채용 방식이다. 이를 위해, 조직 내부적으로는 인재상에 대한 명확한 정의가 필요하고, 지원자가 선택의 기준으로 삼을 수 있도록 직무나 처우, 근무환경, 조직문화, 경영철학, 성장 비전 등에 대한 정보를 제공하여 조직이 갖고 있는 구성원에 대한 관점을 사전에 명확히 이해시켜 주는 것도 필요하다. 상호 간의 잘못된 선택은 많은 비용과 시간을 들여서 채용을 했음에도 빠른 이직을 초래하는 경우가 잦기 때문이고, 이 경우 비용의 관점에서도 손실이기 때문이다.

우수한 인재에 대한 선택을 마치면, 다음 절차는 조직과 직무에 대한 입사과정 즉, 온보딩Onbording 프로그램이다. 이 시기에는 조직 내에서 이뤄지는 다양한 직무들을 소개하고, 신규 입사자가 선택할 수 있는 기회를 만들어 주는 것이 좋으며, 가능하다면 선배와 리더들을 통해 다양한 정보를 제공해 줄 필요가 있다. 통상 적재Right People를 채용해서 적소Right Job에 배치하는 과정이 이때 이루어지며 조직생활에 대한 가치관과 선택의 기준이 최초로 정립되는 시기이므로 다양한 소통 과정을 통해 조직에 대한 충분한 이해를 형성하도록 지원할 필요가 있다. 교육 및 직무배치의 과정에서는 직무 또는 근무할 부서를 정하고 고용계약을 체결하게 되며, 고용계약은 제반 근로조건을 포괄적 형태로 담고 있다. 예를 들어 근로시간과 휴게시간에 대한 정의, 취업규칙의 준수, 임금 및 처우에 대한 규정 등이 고용계약서의 주된 내용들이다. 부서를 배치한 이후에는 OJT On The Job Training 및 Off-JT, 직무 순환 등을 통해 조직과 직무에 대한 이해를 갖고 전문성을 탐색하는 시간을 부여하고, 신규 입사자의 적성과 조직의 필요에 맞춰 세부직무를 결정해 주는 과정이 있다. 직무를 부여할 때는 해당 직무의 목표가 무엇이고, 구체적으로 어떠한 역량과 지식 스킬이 요구되며, 어떤 행동과 과제들을 언제까지 해야 하며, 누구와 어떤 협의, 지시, 보고 등의 관계를 이해하고, 유관부문 또는 다른 구성원과의 협력관계와 해당 직무의 히스토리 등을 정확히 알려주는 것도 필요하다. 직무를 수행하게 되면 조직에 기여하는 과정상에서 직무의 변경이나 부서의 전환배치 등의 사항이 발생한다. 이러한 경우에는 무엇보다 중요한 것이 리더와의 충분한 면담을 통해 그 원인을 파악하고, 변동 전후 과정에서 소홀함이 없도록 세심하게 지원해 주는 것이 필요하다. 직무나 부서의 변경은 당사자의 희망에 의한 경우도 있으나 조직의 필요에 의한 경우도 잦다. 이럴 때 특히 그 배경과 전후 절차를 충분히 설명하여 오해나 직무 적응에 문제가 없도록 해야 한다.

더불어 조직생활에는 평가와 보상의 이슈가 늘 존재한다. 기본적으로 모든 구성원은 선의를 견지하며 본인이 담당하는 역할과 과제를 성공적으로 수행하려 한다. 그러나 조직환경이나 제반 변수들을 고려하여 그 달성수준에 대한 평가를 받아야 한다. 대부분의 조직은 나름의 평가체계를 통해 기준과 척도, 프로세스를 구축하고 있고, 모든 구성원은 평가제도의 영향하에 있다. 때문에, 매년 정기적으로 평가에 따른 이슈가 구성원과의 관계에서 발생하기 마련이다. 평가는 대부분의 경우 보상에 직접적으로 영향을 미치므로 구성원에게 대단히 민감한 이슈가 된다. 따라서, 공정하고 투명한 평가 프로세스를 구축하고, 평가 면담 등을 세심하게 실시할 필요가 있고, 결과에 대해서도 결과 면담 및 이의 신청 등의 프로세스를 구축하여 평가로 인한 조직 내 이슈를 최소화해야 한다.

마지막으로 휴직이나 퇴직의 경우에는 조직에 대한 긍정적 정서를 유지할 수 있도록 도와주고, 특히 휴직의 경우에는 조직에 다시 합류할 가능성이 높음으로 상호 간의 관계에 정성을 다할 필요가 있다. 만약에 돌아오지 않는다 하더라도 어디에 있든 잠재적인 고객임에는 틀림이 없기 때문이다. 특히, 퇴직의 경우에는 면담을 통해 퇴직의 원인을 파악하고, 다른 구성원에게 미치는 영향과 업무의 연속성 등을 충분히 고려하여 제반 일정과 후임자에 대한 업무인수인계 등이 협의되어야 한다. 떠나는 사람에게 소홀히 할 경우 결국 남는 사람도 마음의 상처가 됨을 명심해야 한다. 직장인을 대상으로 한 조사 결과에 의하면 조직의 선택은 비전의 영향이 크고, 떠날 때는 결국 사람 때문에 떠나게 된다. 그만큼 리더와 조직문화, 구성원 간의 관계가 주는 영향도가 지대하게 높다. 따라서 이를 정기적으로 진단하고 개선하는 활동에 관심을 기울여야 한다.

컴플라이언스: Compliance

조직은 수많은 사람이 모여 있고, 팀과 팀, 구성원과 구성원 간에 권한과 책임이 부딪치다 보면 예측하지 못했던 수많은 일이 다양한 상황과 예측할 수 없는 곳에서 일어난다. 이럴 때 조직 내에 기본적인 규범들이 공통된 가치 판단 및 행동의 기준을 제공해 주고 있다면, 문제들을 최소화할 수 있고, 해결도 가장 효율적으로 할 수 있다. 또한, 공통의 규범이 잘 정립되어 있고 체질화되어 구성원들이 이를 잘 지켜간다면 조직의 핵심역량과 건전성이 유지될 수 있으나, 이를 소홀히 한다면 조직의 건전성만이 아니라, 팀의 성과에도 부정적인 영향을 미친다. 예를 들어 부정이나, 개인정보와 지적자산 등의 유출, 성희롱, 횡령 등의 사례들이 조직 건전성과 근원적 경쟁력을 해치는 사례들이고, 이러한 것 하나하나가 치명적인 문제를 조직 내에 야기하게 된다. 따라서 몇 가지 중요한 항목들을 조직 구성원의 공통된 준수 항목으로 정하여 일상에서 유지시킬 수 있도록 하는 것이 중요하다. 우리는 통상 이것들을 조직생활에 있어 구성원들의 기본준수 항목이라고 부르고, 조직 차원에서는 '임직원보호정책' 또는 '조직생활가이드'라고도 한다. 따라서, 이것은 조직과 구성원 간에 공유되고 약속된 룰Rule이고, 당연히 준수되어야 할 의무의 성격을 갖는다. 기본이 튼튼해야 그 위에 조직력의 기둥을 세우고, 성과의 집을 제대로 지을 수 있고 그 결과도 오래 지속될 수 있다.

임직원 보호 정책의 첫 번째가 '개인정보보호'이다. 개인정보는 법규에 의해 엄격하게 규정되어 보호되고 있고, 어떠한 경우에도 당사자의 동의 없는 개인정보의 활용 또는 유출은 금지한다고 정의하고 있다. 개인정보의 범위는 주민등록번호, 생년월일, 성별, 가족관계 등 폭이 넓고 다양하다. 상황에 따라서 매우 민감하게 다루어질 수도 있기 때문에 철저하게 제한된 범위에서 승인된 자에 한하여 다루는 보호 위주의 정책이 필요하다.

두 번째는 '지적재산IP, Intellectual Property 보호'이다. 조직에 있어 유무형의 정보자산은 핵심 경쟁력과 직결된다. 인적자원 또한 핵심자산에 포함된다. 이를 보호하는 것은 리더의 가장 중요한 책무이자 구성원의 당연한 의무이다. 때로 의도치 않든 의도된 목적에 의한 것이든 상관없이 외부 또는 경쟁자에게 유출되는 상황에 노출되는 경우들이 있다. 상당수 조직들이 조직 내에 정보자산 보호를 위한 전문인력을 두고 이에 대한 규정과 프로세스 정의, 보호를 시행하고 있다. 어떤 경우이든 간에 유출되어서는 안 되겠지만, 만약에 유출되었을 경우에도 그 권리를 보호받기 위해서는 사전에 조직 내에서 핵심보호자산으로 분류하고, 일상화된 관리체계하에 있어야 한다. 스스로 보호의 필요성을 느끼지 못한다면 법도 보호할 가치를 충족하지 못할 경우도 있기 때문이다.

세 번째는 성희롱 예방이다. 조직에는 다양한 구성원이 존재하고 각자는 개인의 존엄성을 존중받아야 한다. 성희롱 사고가 발생하면 가해자는 정상적으로 조직생활을 하기 어려워지고 피해자는 심각한 고통 속에 힘들어하게 된다. 성희롱의 판단 기준은 피해자 주의이고, 이성 간뿐만 아니라 동성 간에도 성희롱은 성립한다. 가해자의 의도와는 상관없이 피해자가 불쾌감을 느꼈다면 더 이상 변명의 여지가 없다. 그것이 말이든 행동이든 상관없다. 이러한 사고가 발생하면 사업주 또한 신속한 조치의 의무가 있고 피해자 보호의 의무가 있다. 이를 소홀히 하면 사업주도 법적 처벌을 받을 수 있다. 처벌 여부에 상관없이 구성원 간에 상호 존중하고 배려하는 문화가 자리 잡아야 한다. 어떠한 경우에도 발생해서는 안 되는 문제이므로 사전에 철저한 교육과 예방 관리가 필요하다. 성희롱 예방을 위한 교육은 사업주의 의무사항이기도 하다.

네 번째는 부정예방이다. 하나의 조직이 무너지는 데는 아주 작은 곳에서부터 시작된다. 조직 안에 있는 것은 볼펜 한 자루도 종이 한 장도 회사의 자산이다. 아무리 사소한 부정 관행일지라도 반복된다면 결국은 공과 사의 구분이 무너지고 더 큰 부정으로 이어지게 된다. 이를 예방하기 위해서는 주기적인 예방 교육과 더불어 발생 시 신고 및 제보 프로세스를 구축, 운영함으로써 예방 효과를 높일 수도 있다. 부정에는 다양한 형태가 존재한다. 예를 들어 협력사와 결탁하여 편익을 제공하고 대가를 받거나, 회사의 경비를 사적인 용도 등으로 부정 사용한다거나, 회사와 이해관계에 있는 제삼자로부터 편의나 금품 등을 제공 받거나, 회사의 물품을 무단 반출하여 사적으로 사용하는 경우 등이다. 또한, 조직의 경쟁력을 훼손할 수 있는 부정직한 업무처리도 이에 해당된다.

다섯 번째로 구성원 간의 에티켓 준수이다. 조직에서의 모든 행동은 조직 본연의 목표를 지향하는 것에 부합되어야 하고, 구성원 각자의 관계에 있어서는 비즈니스 관점의 에티켓 준수가 생활화되어야 한다. 그래야 구성원 모두가 서로 존중하는 문화가 될 수 있다.

이러한 기본 Rule과 임직원 보호 정책들은 평소에 구성원에게 교육되고, 공통의 가치 등으로 구체화되어 실질적인 행동지침과 가치 판단의 기준으로 살아 있어야 한다. 그래야 조직의 건전성과 경쟁력이 유지될 수 있고, 경영성과에도 기여를 할 수 있다. 조직 구성원으로서 우리가 지켜야 할 아름다운 원칙들이 있고, 경계를 넘지 말아야 할 가이드가 있다. 서로에 대한 이해를 바탕으로 각자의 존엄성도 지켜져야 한다.

이렇듯 지켜야 할 것이 복잡하고 많은 듯하지만 결론은 매우 간단하다. 내 것이 아닌 것은 취하지 말아야 하고, 내가 하기 싫은 것은 남에게 바라지도 말아야 하며, 당당하지 못한 것은 아예 시작하지 말아야 한다. 스스로 자신을 지키고 내가 속한 조직을 지키는 방법이다. 리더는 구성원에게 이러한 것들이 행동과 가치 판단의 기준으로 늘 체화되어 행동으로 실천되고, 모든 행동의 가치 판단 기준으로 살아 있도록 강조해야 한다.

구성원 관계 관리: Employee Relationship

마주 보고 달리는 기차는 미래가 없다. 모두가 패자일 뿐이다. 만약 마주 보고 달리는 둘이 한데 묶여 있는 공동의 운명체라면 더더욱 그러하다. 누가 이들을 멈춰 세울 수 있을까? 이들 공동운명체의 운명은 무엇에 의해 결정될까? 서로가 추구하는 목표가 같은데 왜 직면해 있는 현실에 대한 인식은 다를까? 우리가 대립적 노사관계를 보며 늘 던지는 질문들이다. 자본과 노동의 관계는 경제학이나 노동법, 역사와 철학 등을 떠나 인류 역사에서 매우 오래된 주제이다. 대부분의 역사에서 자본과 노동은 각자의 이익을 추구하는 대립적인 관계에서 자신의 이익을 추구해 왔으면서도, 때론 슬기롭게 상생과 협력의 모델을 보여주기도 하였다. 우리는 각자의 이해가 부딪히는 복잡하고 어려운 현실 속에서도 늘 최적의 대안을 추구해야 한다. 노사관계에 관한 우리의 논의 역시 각자의 상황에 맞는 최적의 대안을 찾아가는 과정이다. 이러한 과정과 고민이 쌓일수록 우리는 서로에 대한 이해를 더 깊게 쌓아갈 수 있을 것이다. 이것이 곧 상생의 출발이다.

이 주제를 논할 때 우리는 가장 우선적으로 자본과 노동 간의 관계 중심에 매개 역할로서 무엇이 존재하고 있는지를 살펴보아야 한다. 결론부터 얘기하면 자본과 노동의 상호이익의 원천에는 경쟁력이 자리 잡고 있다. 경쟁력이 없으면 자본이 존속할 수 없고, 경쟁력이 없으면 노동의 가치가 존재의 의미가 없다. 때문에, 경쟁력을 중심으로 한 자본과 노동은 상호 연계된 하나의 운명체임이 분명하다. 경쟁력이 없는 조직은 지속할 수 없고, 그 안의 구성원에게는 내일이 없기 때문이다. 그런데 왜 대부분의 경우 노와 사는 대립적인 관계를 보이고 있는 것일까? 경쟁력이 없으면 고용안정도 없다. 상호 협력의 고리를 보다 단단히 해줄 공동의 어젠다Agenda를 경쟁력을 근간으로 해서 만들어 가야 한다.

수년 전 일본의 노사관계 우수기업 사례를 방문 학습 한 적이 있다. 그곳의 노동조합은 자신들 이익의 결정체인 임금에 대한 결정을 회사와의 치열한 협의를 마친 후에는 일일이 사원들을 찾아다니며 직접 임금 결정사항에 대해 서명을 받고 있었다. 그러면서 결정 배경과 사업 환경에 대한 설명을 소홀히 하지 않았다. 사뭇 다른 풍경이었다. 치열한 논쟁 끝에 합의된 임금수준은 파업이라는 극단적 대치가 없는 노사관계를 전통으로 유지하면서도 구성원들이 만족하고 납득을 할 수 있는 결과를 가지고 직접 전면에 서 있었다. 회사는 오로지 사원들이 스스로 자신들의 결정을 설명해 가는 과정을 지켜보고 지원하고 있었다. 이 기업은 글로벌 Top의 반열에 있는 자동차 제조회사이다. 이들은 상생과 협력의 노사관계 관점에서 무슨 일을 벌이고 있었던 것일까? 왜 전 세계 자동차 소비자들이 그들의 사업과 제품 경쟁력과 노사문화에 찬사를 보내고 있는 것일까? 소비자는 제품과 서비스를 사는 것만이 아니고, 그 회사의 가치와 문화와 직원들의 자긍심을 함께하고 싶은 것이다. 이를 통해 그 회사와 연결되고 싶어 하는 것이다. 그 회사의 제품과 서비스에는 경영철학과 구성원들의 혼이 담겨 있기 때문이고, 그들의 자긍심에는 굳건한 신뢰가 담겨 있기 때문이다. 이렇듯 노사관계의 안정성은 당사자만이 아니라 지역사회 및 산업계, 국가 경제에 대단히 중요한 일이다. 파이는 나누는 것 보다 키우는 것이 더욱 중요하다는 단순한 진리를 기꺼이 보여주고 있었다. 만약 그들에게 미래에 대한 꿈이 없다면 배부른 현실은 그리 유쾌하지만은 않을 것이다.

대부분의 경우 노동은 약자가 되고, 자본은 강자가 되는 논리가 현실에서 존재한다. 자본이든 노동이든 정당하지 않은 부와 이익이 보람이 있겠는가? 공동운명체의 관점에서 보면 자본과 노동은 강자와 약자나 갑과 을의 관계가 아니다. 노동 없이 자본이 존재할 수 있다면 그리하면 된다. 그러나 그것이 불가능한 것이라면 기꺼이 공존해야 한다.

노사관계에서는 임금과 인건비의 문제도 짚어봐야 한다. 노동의 대가로서 임금은 굳이 설명할 필요가 없다. 그런데, 임금수준에 대한 논의는 여러 가지 고민이 필요하다. 노동은 노동의 대가로써 소득을 얘기하고, 자본은 비용관점의 인건비를 얘기한다. 각자의 관점에서 틀린 얘기가 아니다. 문제는 서로가 추구하는 목적물이 같다는 데 있다. 때문에 논쟁과 투쟁이 여기에서 발생한다. 그러나 임금이든 인건비든, 노동과 자본은 반드시 경쟁력의 기초 위에서 봐야 하고, 그 원천이 어디에서 비롯되는지를 먼저 보고 논쟁하자는 것이다.

그렇다고 모든 임금이 성과와 반드시 연동해야 한다는 것만은 아니다. 임금의 상당 부분은 생활 급여적 요소의 성격을 분명히 가지고 있다. 또한, 기업의 이윤은 노동자의 임금만이 아니라 기술개발이나 시장 활동, 고객과 주주, 리스크에 대한 대비, 사회적 기여 그리고 미래 먹거리 등을 위하여 전략적이고 합리적인 의사결정에 따라 쓰여지거나 준비되어야 한다. 때문에, 때로는 배분의 규모와 우선순위에 대한 합의도 필요하다. 그래야 자본과 노동이 공존할 수 있는 지속 가능한 경영을 할 수 있다.

임금수준의 결정은 기업의 입장에서 보면 다른 여러 고려요소가 있을 수 있겠지만, 가장 중요한 것이 시장에서의 임금 경쟁력에 의해 판단하는 것이다. 경쟁사 대비 임금 경쟁력이 떨어지면 핵심자산인 노동의 유출을 초래할 수밖에 없다. 따라서 경영실적이 목표를 달성시키고 있고, 생산성의 우위를 점유하고 있다면 적어도 경쟁사 대비 임금수준은 동등 또는 그 우위에 위치해야 한다. 당장 이 수준의 확보가 어렵다면 직원들에게 몇 년 내에는 경쟁력을 어느 수준까지 확보하겠다는 보상에 대한 명확한 비전을 제시할 수 있어야 한다.

자본과 노동이 같은 관점에서 같은 곳을 바라볼 수 있도록 해야 한다. 그렇다고 쟁취할 권리를 포기하자는 것은 아니다. 투쟁을 위한 투쟁 그 자체가 목적이 되어서는 안 되고, 이를 통해 각자가 얻고자 하는 것의 본래 가치가 훼손되어서는 안 된다는 것이다. 일터가 있어야 임금이 있고 노동생산성의 우위가 있어야 임금의 경쟁력도 확보할 수 있다는 사실을 직시하자는 것이다.

왜 자본과 노동 간에 상생과 협력이 필요한가? 그것은 대립보다는 상생과 협력이 결과적으로 더 낫기 때문이다. 성급하게 생각할 필요도 없다. 우리의 과거는 앞으로 가야 할 미래보다는 분명히 짧다. 때문에,

공동운명체는 모두가 이기는 경쟁을 해야 한다. 승자와 패자로 갈리면 반드시 침몰하고야 만다. 때문에, 각자의 정당한 권리는 서로 보장되어야 한다. 해야 할 권리도 있고, 하지 않아도 될 권리도 있다. 어찌 세상에 한 가지 선택만 존재하겠는가? 전쟁터에서도 미래를 위해 교육을 하고, 새로운 생명도 태어난다. 상생과 협력의 관계는 상대방의 위치와 입장에 대한 상호 이해에서 출발한다. 우리는 역사를 통해서 간접적인 배움도 많이 한다. 굳이 가보지 않아도 될 길을, 남들이 수많은 시행착오를 통해 거쳐 온 길을 똑같이 따라서 반복할 필요는 없지 않을까? 이를 위해, 서로 입장의 간극을 좁히자. 상대방의 입장도 되어보고, 우리를 바라보는 고객의 입장도 되어보고, 평소 돌아보지 못했던 이들의 숨어 있는 목소리도 들어보자. 대화와 타협을 위해 많이 활용하는 방법들이 있다. 상황에 따라 상시적인 협의체를 만들어 운영하기도 하고, 임금 등 현안에 대한 공동 작업을 정례적으로 추진하기도 한다. 때로 노사가 함께 땀 흘리는 스킨십 활동도 많이 활용된다. 어떠한 방법이든 상관없다. 서로가 상대방의 입장을 이해하려는 의지와 진정성만 전제된다면 그 다음은 오로지 시간이 필요할 뿐이다. 우리가 가장 우선적으로 할 일 몇 가지를 같이 생각해 보자.

첫째, 상시적인 협의체와 소통 채널을 만들어 운영하는 것이다. 물론 법으로 규정된 단체교섭이나 노사협의회 등의 방법이 있다. 그러나 이러한 것들은 공식화된 합의나 협의체로서 기능과 활용에 한계가 존재한다. 공식적인 협의체는 공식적인 대화만 오가기 때문이다. 따라서 그러한 공식 협의체의 사전 사후에 이루어지는 실무적인 대화나, 평상시에 이뤄지는 소통이 중요하다. 경영진 차원 등 최상위레벨의 대화는 멈춰도 실무진에서의 대화는 상시 이뤄져야 한다. 그래야 어려운 상황으로 내몰리는 것을 피할 수 있고, 상생을 위한 대화를 이어갈 수 있다.

둘째, 노사 간의 주요이슈 중 가장 핵심적인 임금과 처우 등과 관련한 사항들은 가급적 노사 공동의 T/F와 같은 형태로 진행하는 것이 좋다. 임금이나 인사제도, 조직문화 등과 관련해서 따지고 보면 굳이 서로 공유하지 못할 것이 없는데, 왜 꼭 협상이라는 테두리 안에서 서로의 경계를 넘어서는 안 되는 것처럼 임의의 경계선을 그어놓고 마주 보고서 대화를 하려 하는 것일까? 마주 보지 말고 같은 곳을 바라보면 안 되는 것일까? 원가경쟁력, 노동생산성, 매출액, 이익, 인건비 경쟁력, 임금 관련 법규, 물가지수 등 임금수준의 결정에 영향을 미치는 주요 변수들이 경영진 또는 구성원들과 공유되어서는 안 되는 것들이 있는가?

셋째, 열린 마음으로 하는 진정성 있는 소통이 필요하다. 경쟁자와도 하는 대화를 자신과 가족의 생계를 함께하고 있는 공동운명체와 대화하지 못할 이유가 있을까? 진정성 있는 대화는 서로 어떠한 경우에도 마지막 선은 넘지 않겠다는 대전제와 믿음이 있어야 하고, 법보다 공동운명체 내의 자율적 대화를 우선 한다는 절대적인 원칙이 사전에 공감되어야 한다. 노동과 자본은 경쟁과 공존의 논리를 잊지 말아야 한다. 상호 간의 신뢰가 없으면 한 번은 어떻게 지나갈 수 있지만 두 번은 아니다. 진정성 있는 소통을 먼저 하자. 사람에 대한 관계에 대한 진정성이 없으면 어느 때인가는 반드시 상처로 돌아온다. 그것을 가장 두려워해야 한다. 마음의 상처는 쉽사리 아물지 않는다. 삶의 매 순간 계속해서 상처에서 예전의 아픔이 느껴진다.

과거보다는 미래에 대한 어젠다가 서로에게 더욱 중요하다. 장기적 관점의 비전을 공유하고, 단계적으로 이를 달성해 감으로써 서로의 이익을 극대화할 수 있다는 상식과 신념을 공유해야 한다. 역사를 되돌아보고, 모두에게 아름다운 결론을 협력해서 만들어 가야 한다. 상처와 고통의 반복은 누구를 위한 것인지 생각해 보자. 아름다운 이별이란 없다. 이별은 모두가 다 아프다. 그리고 지난 시간은 후회보다는 보람으로 남아야 지속 가능성이 있고 후배들에게도 내일이 있다.

구성원의 만족

조직의 구성원이 만족해야 고객도 만족시킬 수 있다. 미국 항공사 사우스웨스트의 직원 만족 정책이다. 정도의 차이는 있지만 대부분 조직이 이러한 관점에서 직원에 대한 만족 경영을 우선시하고 있다. 그러나 실천방법론에 있어서는 다양한 전략과 사례들이 존재한다. 왜, 직원 만족이 먼저일까? 직원은 조직의 가치 창조자이다. 조직과 직원이 창출한 가치를 고객이 구매하고, 그 이익을 조직과 구성원이 다시 공유하고 있는 것이다. 이를 통해 '조직-구성원-고객'의 가치 사이클이 유지, 발전되고 지속할 수 있다. 그런데, 정작 구성원들의 만족도는 대다수 조직이 60~70점 수준을 넘어서지 못하고 있다. 왜 우리 구성원들은 자신의 조직생활 환경에 충분히 만족하지 못하고 있는 것일까? 이 질문에 대한 리더의 성찰이 필요하다. 구성원들은 특히 리더십이나 조직문화, 인사, 처우, 자율권 등의 관점에서 비교적 높은 불만의 목소리를 낸다. 처우의 문제는 개개인의 관점에 따라 만족의 수준이 다르게 나타나기 때문에 제외하더라도, 리더십과 조직문화, 인사평가, 업무자율권 문제는 충분히 노력을 기울이면 개선 가능한 영역이므로 이에 대한 고민에 집중할 필요가 있다.

우선 구성원의 만족에 대해 논의하기 위해서는 구성원에 대한 관점을 리더의 내부고객으로 정립하는 것이 필요하다. 그래야 내부고객의 관점에서 무엇을 개선할 것인지, 무엇을 불편해하는지 파악할 수 있다. 이러한 관점은 특히 구성원과의 관계 개선이 필요한 리더에게 요구된다. 다음으로 구성원이 행복해야 고객이 만족한다는 진리를 되새기자. 행복하지 않은 구성원이 고객을 즐겁고, 행복하게 할 수는 없다. 지쳐 있고 힘들어하는 직원이 고객에게 진정성 있는 정성을 다할 수 있겠는가? 구성원에 대한 관점이 정립되었다면 다음으로 무엇을 어떻게 개선할지에 대한 고민이 필요하다. 앞서 논의했듯이 가장 핵심적인 리더십, 조직문화, 인사평가, 업무자율권 등에 대한 고민이 필요하다.

첫째, 리더십에 대한 직원 만족의 문제이다. 리더십 발현의 궁극적인 목적은 성과 극대화이다. 성과가 낮은 조직에서는 만족도가 높을 수 없고, 성과가 높은 조직에서 구성원들의 만족도가 낮은 경우는 그리 많지 않다. 즉, 보편적으로는 성과가 있는 곳에 구성원의 만족도도 높다는 것이다. 그러나 많은 사례에서 리더십이 과도하게 성과 지향형으로 흐를 경우, 구성원의 피로도가 상당히 높게 나타난다. 이를 해소할 방법은 성과에 따른 공정한 보상이 첫째이고, 다음으로 구성원의 성과 몰입과 이완을 리더십이 조절해 주는 것이 필요하다. 이것은 조직 관점에서 성과의 지속성 확보를 위해서도 반드시 필요한 일이다.

둘째, 조직문화에 대한 직원 만족의 문제이다. 조직문화는 직원이 조직생활을 하는 환경과 같다. 즉, 물고기가 살아가는 물과 같은 것이 조직문화이다. 이 조직문화가 지나치게 경직되어 있거나, 또, 지나치게 방임적 상태거나 훼손되었다면 결코 구성원 만족도를 높일 수가 없다. 따라서, 조직문화에 대해 종합적으로 진단하고 개선하는 Tool과 프로세스를 마련하고, 이를 정기적으로 시행하되, 그 변화과정에 직원들의 참여 기회를 적극적으로 마련하여, 직원 스스로 조직문화를 구축해 가도록 하는 것이 좋다. 조직문화는 곧 구성원의 행동 양식이나 다름이 없기 때문에 참여가 필수적이다.

셋째, 인사평가에 대한 직원 만족의 문제이다. 인사평가는 아무리 제도를 잘 설계하고 운영수준이 높다고 하여도 평균 50~60점대 수준의 만족도를 넘어 서기가 현실적으로 어렵다. 이유는 대부분의 리더가 잘 알고 있듯이 평가에는 늘 상위, 중위, 하위가 존재하기 때문이다. 이제는 평가에 대해 접근하는 관점을 바꿀 필요가 있다. 평가를 결과 지향형이 아니라, 성과를 창출해 내는 과정을 관리하는 대화의 도구로 보아야 한다. 이를 위해 성과과정관리에 충실하고, 평가의 마지막 단계가 아니라 일을 하는 일상에서 리더와 직원이 많은 대화를 나눠야 한다. 그래야 결과에 가서도 수용성을 높일 수 있다. 지금처럼 결과를 결정하고 통보하는 식의 평가제도로는 직원 만족과 성과 극대화를 견인할 수 없다.

넷째, 업무자율권에 대한 직원 만족의 문제이다. 구성원과 고객 만족에 있어서 가장 중요한 것이 바로 구성원이 가지고 있는 주인의식이다. 이 주인의식을 고객 관점으로까지 확장할 수 있는 방법이 바로 구성원의 자율권이다. 고객이 보았을 때 직원 모두가 CEO처럼 책임을 가지고 대하고, 현장에서의 문제들에 대해 결정권까지 가지고 있다면, 고객은 선택의 시간과 노력을 아낄 수 있다. 고객과 기업이 상호이익이 되는 것이다.

직원이 행복해야 고객도 만족한다. 고객은 구매하고자 하는 상품에 대한 가치 판단 결과 그 수준이 비슷하다면 다음은 직원을 보고 선택한다. 그리고 그 고객은 행복을 함께 나눈 그 직원을 반드시 다시 찾는다. 그것이 인지상정이다. 고객 만족은 다른 곳에 있지 않다. 리더와 구성원과 고객의 관계에 있고, 바로 구성원의 만족에서부터 출발한다. 이러한 가치가 확장되었을 때 조직이 사회 구성원으로서의 역할과 책임도 다하게 될 수 있다.

⌐」 Self Check Point

☐ 리더가 컴플라이언스 이슈를 이해하고 있는가?

☐ 리더가 구성원 관계 관리를 실천하고 있는가?

☐ 구성원의 만족도를 주기적으로 확인하고 변화관리를 하는가?

제5장

스키너의 상자:
조건과 통제

- 소통 그리고 소통
- 권위는 통찰력에서 나온다
- 열정과 탁월함으로 이끌기
- 몰입과 성찰 그리고 자기혁신
- 통제된 리더십이 팀을 강하게 만든다

High
Performance
Team

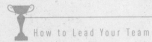

스키너의 상자 Skinner Box

인간의 심리와 행동의 인과관계를 발견하기 위해 사용한 실험 장치로 스키너(B. F. Skinner)가 하버드대학 대학원생일 때 발명한 장치이다(동물학 백과). 인간은 그리고 리더는 분명 자유 의지를 가진 존재이다. 따라서 행동의 인과관계에 대한 연구가 모든 예측 가능성을 담지는 못한다. 그러나 긍정적 강화 요인이 될 수 있는 리더의 소통이나 통찰력, 열정과 탁월함, 몰입과 성찰, 자기혁신 그리고 절제된 리더십이 활성화된 조건에서는 분명 고성과 팀으로 구축될 수 있을 것이다.

소통
그리고 소통

조직은 팀과 팀, 리더와 구성원 그리고 구성원 간의 크고 작은 일과 관계 및 이슈를 가지고 있다. 누구나 가지고 있는 이러한 이슈들을 어떻게 극복하느냐가 조직운영의 성패를 좌우한다고 해도 과언이 아니다. 결국은 구성원이 가지고 있는 이슈에 대해 리더가 어떻게 대처하느냐가 가장 중요하다. 구성원의 이슈에 대한 대처가 시작되는 곳에서 바로 소통이 시작된다. 때문에, 이슈의 탐색이 시작되는 소통의 사전단계부터 사후 피드백을 하는 것까지 전체를 소통의 과정이라고 봐야 하고, 소통을 단순한 미팅과 대화를 벗어나 문제 해결을 위해 접근해 가는 종합적인 프로세스로 봐야 한다.

이러한 소통의 과정을 제대로 실천하기 위해서는 리더는 일상의 과정을 구성원과 함께하는 소통 전문가가 되어야 한다. 리더가 소통 전문가가 되기 위해서는 소통에 대한 Skill을 잘 갖추는 것이 필요하다. 소통을 통해 상대와 공감하고 함께 이슈를 해결해 가는 과정이 곧 리더의 책무이기 때문이다. 그동안 조직생활의 주변에서 소통의 불편한 진실과 우리는 자주 마주했다. 쉽게 해결될 수 있는 문제가 오히려 잘못된 소통의 과정을 통해 더 큰 문제로 확산된 경우가 빈번했다. 또한, 소통이 형식적으로 이뤄지다 보니, 소통을 하면 뭐하냐는 식의 필요성에 대한 인식마저도 점차 바닥을 치고 있는 것이 현실이다. 왜 그럴까? 현실을 짚어보면, 대부분의 리더들이 효과적인 소통역량을 제대로 갖추고 있지 못한 경우가 많았고, 조직이 이를 체계적으로 지원하고 개선하는 노력을 기울이지 못하고 있음을 확인할 수 있었다. 조직의 소통이 일상의 대화와 달리 조직 차원의 분명한 목적을 가지고 하는 활동임을 간과하고 있었던 것이다.

또한, 목적에 대한 인식이 다르니 시간과 돈을 들여서 소통을 해도 이슈나 고충의 해결이 아니라 자꾸만 쌓여만 가는 것이다. 심지어는 "내 맘 알지?"와 같은 두리뭉실한 자신만의 뇌피셜 같은 결말을 맺어놓고서 성공적으로 소통을 했다고 결론을 맺는다. 이런 소통에는 처음부터 상대방에 대한 고려와 인식이 결여되어 있다. 구성원과의 소통 이슈에 대해 관심을 나누기 어려워하는 리더는 스스로 자질이 부족함을 인식하고 소통역량개발에 노력해야 한다. 자신의 자리를 지키는 것이 진정한 소통보다 중요한 리더는 자신을 위해 조직을 망치는 것이나 다름이 없기 때문이다. 성공적 소통의 핵심은 목적과 의도를 가지고 리더가 주도하되, 궁극적으로는 주도하지 않는 것이 필요하다. 즉, 소통을 통해 상대방이 스스로 해법을 찾도록 지원해 주고 코칭을 해주는 것이 최선의 방법이다. 모든 이슈에 대해 완벽한 해법Solution을 가지고 있는 리더도 없지만, 모든 이슈가 반드시 소통을 통해 해결되는 것만도 아니다. 따라서 서로 최적의 솔루션을 찾아가는 노력과 과정을 함께한다는 생각이 필요하다. 소통은 이러한 것에 대한 공통된 인식부터 출발해야 한다.

3가지 요소

성공적인 소통을 위해 필요한 몇 가지를 정리해 보면 크게는 3가지의 소통 요소인 '경청, 진정성, 우리라는 인식'과 3가지 소통방법인 '눈높이 맞추기, 집중할 수 있는 환경, 작게 자주'로 압축해 볼 수 있을 것이다.

먼저, 소통의 요소 3가지 중 첫째가 바로 경청이다. 리더가 경청하는 마음가짐으로 대화를 시작해야 진정한 소통이 시작된다. 마음만 바쁜 리더는 결론부터 꺼낸다. 이것은 일방향의 통보이지 쌍방향의 소통이 아니다. 그런 통보는 이메일로 해도 된다. 굳이 대면 소통이라고 얘기하지 않더라도 경청은 모든 소통의 기본이고 리더의 기본 자질이다. 자신이 하고 싶은 얘기에만 목소리 높이는 리더와의 소통에 가슴을 열 구성원은 없다. 진정한 경청은 상대방이 가슴을 열 수 있게 해준다. 들어주는 것만으로도 그 과정에서 스스로 솔루션을 찾아낼 수도 있다. 경청하는 자세가 모든 소통의 시작이다.

둘째, 진정성이다. 리더와의 대화에서 구성원 자신의 이슈에 대해 리더의 진정성이 느껴진다면 결과에 상관없이 대화의 기회 그 자체만으로도 많은 문제가 해결된다. 그만큼 진정성이 중요하다. 진정성이 없으면 아무리 아름다운 패키지가 솔루션으로 제시되어도 불신은 계속해서 남는다. 진정으로 리더가 자신의 문제를 함께 고민해 주고 있다고 공감하면 다소간의 부족함도 스스로 감내해 낼 수 있는 것이 구성원의 입장이다. 이러한 과정을 거쳐서 성장해 온 리더임에도 진정성에 한계를 보이는 경우를 보면 대부분은 그 자신이 가지고 있는 솔루션의 제약 때문이거나, 공감 능력의 부족에서 기인한다. 솔루션이나 공감 능력의 제약이 곧 리더십 역량의 한계로 구성원에게 비치는 것이 두려워 진정성이 위축되고, 나의 책임도 너의 책임도 아닌 형식적 대응만 남게 된다. 결국, 이러한 소통은 서로에게 불편함만 가중시킨다. 차라리 솔직해지자. 조금은 리더의 역량이 부족해도 진정으로 함께 고민해 주고 있다는 믿음이라도 줄 수 있는 리더가 되는 것이 더 중요하다. 어떠한 경우에도 구성원과의 관계에서 마지막까지 남겨두어야 하는 것이 바로 서로에 대한 신뢰이기 때문이다. 이 믿음을 만들어 주는 것이 바로 리더의 진정성이다.

셋째, 우리라는 인식이 필요하다. 일에 쫓기고 마음만 바쁜 리더가 자주 하는 말이 바로 '나, 너'이다. 대화에서 '우리'가 빠져 있다. 구성원 그 한 사람 말고도 만나야 할 사람이 많고, 진정한 소통을 할 마음의 여유가 없을 정도로 회의도 많고, 수시로 가져오는 보고서도 검토해야 하고, 여기저기서 걸려오는 전화도 받아야 한다. 그러니 결론만 빨리 전달하고 싶어진다. 이럴 때, '나, 너' 등의 단어가 많이 나온다. 이미 리더의 마음속에는 나름의 결론이 정해져 있고, 단지 간단히 통보하고 싶어지는 마음만 있기 때문이다. 그리고 마지막 마무리는 "내 맘 알지?" 또는 "시키는 대로 해"라는 말로 끝맺음을 한다. 세상 어디에 자신의 마음을 그리 쉽게 알아주는 다른 존재가 있다는 말인가? 내 속에서 나온 자식도 그 맘을 모르는 것이 현실이다. 이런 소통은 차라리 안 하는 것이 낫지 않을까? 소통은 문제를 함께 풀어가는 과정이다. 그 고민이 개인적인 이슈든, 조직에서의 역할과 성과에 대한 것이든 차이가 없다. 하위 성과자로 평가를 받는 구성원과의 소통이면 어떻게 성과를 촉진시킬 것인지를 리더가 함께 고민해 주고, 지원해 주어야 하는 것이다. 이런 대화를 나누려면 권한을 가진 리더 본인 중심이 아니라, 상대방의 관점에서 공감해야 한다. 이것이 공감 능력이다. 특히, 저성과자의 경우라면, 그런 결과의 원인이 무엇이고 우리 조직에 어떤 영향이 있었는지를 공유하고, 우리가 함께 이 문제를 해결하기 위해 무엇을 해야 하는지를 얘기하는 방식이 필요하다. "너 때문에 내가 곤란해졌다"라든지, "네 문제가 무엇이냐?" 등의 대화가 아니라 "우리가 더 잘하려면 함께 무엇을 해야 하는지를 찾아보자"여야 한다. 이처럼 구성원의 감정과 정서를 다루는 일은 매우 어렵고 예민한 일이다.

3가지 방법

소통의 방법 3가지도 중요하다. 그 첫째가 눈높이 맞추기이다. 상대방의 입장을 헤아려 보는 것이 눈높이 맞추기의 시작이다. 그래야 서로 공감하는 소통을 할 수 있다. 서로 다른 것을 지향하고, 서로 다른 곳을 바라보고 있다면 그 소통은 공전만 할 뿐 더 이상 나아갈 수 없게 된다. 이슈가 있어 서로 합치되는 점과 솔루션을 찾으려고 시작한 소통이면, 양쪽이 Win-win하는 관점에서 공통의 분모를 찾는 것이 중요하다. 조직 내 모든 소통의 목표는 결국 조직에의 기여를 높이는 것이다. 저성과 때문이건, 개인이슈이건 상관없다. 이를 위해 눈높이부터 맞추자. 리더가 팀의 막내 사원을 면담할 수도 있고, 정년을 앞둔 팀원을 면담할 수도 있고, 저성과자를 만날 수도 있다. 이런 상황에서 만약 서로 다른 생각을 하고 서로 다른 곳을 바라보고 있다면 조직에서 위치상 높이 있는 사람이 상대방의 관점과 생각에 맞춰서 아래로 내려가는 노력을 하는 것이 순리이다. 이것이 리더의 배려이고 노력이다.

둘째, 소통에 집중할 수 있는 환경을 만들자. 기껏 어렵게 시작된 소통이 핵심에 접근을 못 하고 제자리를 맴도는 경우의 대부분은 서로가 상대방에게 집중하지 못하기 때문이다. 수시로 걸려오는 전화도 받아야 하고, 오가는 사람도 신경 써야 하는 장소와 환경하에서의 소통은 너무도 비효율적이다. 온전히 소통의 주제에 집중할 수 있는 환경을 갖추고 대화를 시작하자. 이것이 어려운 자리에 어렵게 결단해서 리더와의 소통에 참여하고 있는 상대방에 대한 최소한의 예의이기도 하다.

셋째, 소통은 작게 자주 하자. 한 번에 풀기 힘든 문제의 경우에는 더더욱 그렇다. 자주 만나서 자주 얘기하다 보면 많은 부분은 주변 여건이 성숙되면서 시간이 해결해 주기도 하고, 감정의 이슈라면 초기의 날카로움이 누그러지기도 한다. 더불어, 때가 되면 정해놓고 하는 소통보다는 수시로 차 한잔 나누는 소통이 훨씬 효과적이다. 대부분의 이슈는 때를 놓쳐서 생기는 경우들이 많다. 작게라도 자주 하다 보면 사전 징후 단계에서 많은 문제점을 발견하고 해결할 수 있다.

소통은 결국, 팀의 역량을 높이기 위해 리더와 구성원이 함께 공동의 목표를 향해 노력해 가는 과정이다. 그 과정에서는 수많은 시행착오도

있을 수 있다. 소통을 과정으로 인식하고 자주 대화하자. 이것은 리더
가 당연히 해야 할 가장 중요한 책무이다.

성공적인 커뮤니케이션 Skill: 보고서, PT 등

참 쉽고도 어려운 일이 커뮤니케이션이다. 누구나 소통의 기본은 알
지만 모두가 이것을 잘하는 경우는 많지 않은 것 같다. 개인 간을 넘어
조직에서의 소통은 더욱 그러하다. 잡담이 아니라 목적과 의도가 있는
소통은 반드시 효과적으로 해야 하기 때문이다. 조직에서의 업무적 소
통은 여러 가지 형태가 있다. 흔히 접하는 공식적 회의, 보고서, 프레젠
테이션, 메모나 전화 보고 등이 그것이다. 요즘에는 SNS 보고나 공유
도 많다. 이처럼 다양한 형태가 있기 때문에 리더는 상황과 목적에 따
라 가장 효과적인 것을 택하면 된다.

리더와 구성원 간의 공식적, 업무적 커뮤니케이션이 조직의 성패를
가르는 핵심적인 요인임에는 틀림이 없다. 이 쉽고도 어려운 커뮤니케
이션을 어떻게 하면 잘할 수 있을까? 소통의 현장에서 일어나는 흔한
사례들이 있다. "그래서 요지가 뭐죠?", "그래서 결론이 무엇입니까?",
"다시 하겠습니다", 며칠을 반복 또 반복하다 결국 소통역량의 차이가
성과의 차이로 나타난다. 이런 상황을 리더나 상사, 동료의 관점에서
본다면 참으로 답답하고 안타까운 일이다. 통상 리더가 어떤 지시나 요
구를 할 때는 이미 예상되는 결과물Output에 대한 어렴풋한 이미지를
가지고 있는 경우가 대부분이고, 구성원이 스스로 최적의 결론에 도달

해 보라는 기회 부여의 측면이 강하다. 이때 역량 있는 준비된 구성원은 리더와의 지시와 대화 가운데서 생각을 읽어내고, 이를 더 발전시키고 구체화하는 형태의 결과물로까지 최적의 방안을 이끌어 낸다. 그러나, 역량이 부족하고 준비가 덜 된 구성원은 주변부만을 맴돌 뿐이다. 충분한 검토 없이 섣불리 나서서 면박도 당하기 일쑤다. 두 사례의 차이는 업무적 소통역량에 있다.

조직문화 조사를 해보면 구성원들은 대부분 리더의 소통 부족을 지적한다. 만족도로 보면 대략 70점 내외이다. 구성원들은 심한 경우 쌍방향 소통이 아니라 일방향의 지시로 받아들인다. 평소 소통이 단절되어 있다고 느끼는 것이다. 리더와 구성원 또는 구성원 간에 소통이 단절되어 있으니, 전후 사정도 파악이 안 되고, 그러니 지시를 받아도 일의 맥락Context에 대한 파악이 안 된다. 소통 스킬이나 보고, 프레젠테이션 스킬 등의 문제는 그다음 문제다. 조직들이 소통의 문제를 느끼는 것은 어제오늘의 일이 아니다. 소통을 업무 외 부수적인 활동으로 보는 인식이 저변에 깔려 있고, 조직문화 관점에서도 상명하복의 일방적 지시 문화가 자리 잡고 있었기 때문이다. 또한, 직급이나 나이, 친분관계 등을 중심으로 한 수직적 질서와 정보의 독점과 제한적 공유관계가 오랜 관행으로 자리 잡고 있었다.

문제는 극복하라고 있는 것이니 이제부터 하나씩 최적의 길을 찾아보자. 업무적 소통을 잘하려면 타이밍과 공간의 장애 극복 2가지가 우선되어야 한다. 제때는 즉, 타이밍이다. 정보의 질이 다소 낮다고 하여도 제때 소통한다면 많은 문제를 상당 부분 극복할 수 있다. 다음으로 공간의 장애됨을 극복하는 것이다. 문자나 SNS 등의 활용이 활성화되어야 한다. 2가지를 합치면 업무적 소통은 제때 자주 하는 것이다. 다음으로 소통의 핵심에 대한 얘기다. 우리가 조직에서의 소통을 구분할때 흔히 업무적 교류를 하는 소통과 정서적 교류를 하는 소통으로 구분하곤 한다. 이 중 업무적 교류를 하는 소통의 핵심은 정보와 팩트에 근거하는 것이다. 잘못된 정보가 흐르면 리더의 판단도 잘못된다. 정보의 근거가 되는 몇 가지를 빠르게 확인하고, 팩트와 근거를 같이 얘기하는 방식이 최적이다. 이를 위해 평소 정보 소통 네트워크를 관리하는 것이 필요하고, 이를 개인의 성공적인 조직생활 전략의 범위에 두어야 한다. 소통이 경쟁력 차별화의 핵심이기 때문이다. 서로에게 이익이 되는 관점에서 전략적 네트워킹 관리가 필요하다. 네트워킹의 질적 차이는 평소 업무성과의 질로 나타난다. 네트워킹이 잘 이루어지는 경우에는 사전에 다양한 관점의 정보들이 융합되어 검토된다. 이러한 네트워킹을 잘하기 위해서는 차원에 의한 분류와 집중화된 관리가 필요하다. 1차원은 조직 내 동기, 친구, 지인 등으로 볼 수 있다. 2차원은 업무적 관계로 설정된 사람들이다. 업무 파트너 외에도 멘토나 코치들도 여기에 해당된다. 3차원은 필요에 따라 관심의 확장성을 고려할 수 있는 사람들이다. 네트워킹의 수준과 차원을 잘 설정하지 못하면 스스로 관계의 늪에서 허우적거리게 된다.

다음은 조직 내 업무적 소통의 핵심인 보고서이다. 같은 결과를 가지고도 보고서가 어떻게 정리되었느냐에 따라 결과에 대한 평가가 달라진다. 때에 따라서는 같은 결과라도 전달력이 뛰어난 보고서가 성과도 더 좋은 것으로 평가되기도 한다. 보고서 작성 능력도 업무역량으로 평가되는 것이다. 보고서는 간결함Brevity이 최고다. 구구절절하면 읽다가

본말이 전도된다. 결론을 중심으로 두괄식으로 정리하는 것이 좋다. 수 많은 보고서와 회의 등으로 바쁜데 결론이 어디에 있는지 모르는 보고서에 짜증 나지 않을 사람이 없다. 또한, 보고서 형식의 구조화도 필요하다. 비슷한 내용은 비슷한 포맷으로 작성하면 검토에 시간을 줄일 수 있기 때문이다.

요즘엔 보고서도 소통 중심이다. 팩트만 간결하게 전달하면 된다. 이 것이 메모 보고다. 줄 간격, 글씨 크기, 특수기호의 사용 등은 굳이 따지지 않아도 된다. 물론 이러한 것들이 내용의 **빠른** 이해를 도와 시인 성에 효과적이기 때문에 강조되었던 것들이기는 하다. 빠르게 공유하고 빠르게 의사결정을 할 수 있으면 그것이 최적의 효율 아니겠는가? 보고서를 작성하는 사람은 늘 상대방의 관점, 즉 보고받는 사람의 관점에서 준비해야 한다. 보고서란 일의 맥락을 정리하는 것도 있지만 의사결정의 수단이기 때문이다. 보고를 위한 보고서는 더 이상 하지 않는 것이 근무시간 효율도 높일 수 있다. 심지어 요즘은 원페이저Onepager 를 최고경영자 레벨에서 선호하는 경우도 있다. 이를 위해 일의 목표와 과정, 결과를 정리할 때는 수치화, 지표화가 필요하다. 그래야 흐름을 관리할 수 있고, 디테일Detail에도 강해질 수 있다. 디테일Detail이 약하면 조직은 그 사람의 능력에 대해 의구심을 갖는다. 더불어 보고서 전체의 양을 줄이기 위해서는 함축적 의미 전달이 필요하고, 이를 위해 한자나 영어도 필요한 경우 일정 수준은 혼용하는 것도 도움이 된다. 또한, 보고서의 서두에는 전체 내용을 2~3줄로 요약하면 더욱 좋고, 보고서를 작성할 때는 전체의 구조와 단락을 논리적으로 구성하는 것이 중요하다. 이와 함께 **뼈대**를 세우고, 살을 붙이고, 필요하면 화장도 하면 된다. 이 모든 것은 반드시 내용을 잘 전달하는 데 필요한 수준에서만 행해져야 한다. 정도를 넘어서면 두서가 없고, 본말이 전도되는 경우가 생긴다. 시간의 흐름에 따른 전개도 중요하다. 앞뒤가 바뀌면 결론이 바뀌는 경우도 생기기 때문이다.

방향의 보고와 현황이나 현상의 보고는 전개하는 방법이 다르다. 조직은 판단과 빠른 의사결정에 도움이 되는 보고를 더 중요시한다. 판단을 요구하는 보고를 할 때는 다양한 대안을 함께 다루면 결론을 도출하는 데 도움이 된다. 현황 보고는 템플릿화 및 모듈화하면 시간도 절약되고 편하다. 보고서에서 빼놓지 말아야 할 것이 보고 내용의 한계와 향후 계획이다. 중요사항을 중심으로 간단히 언급해 주면 된다. 또한, 보고서는 전체 레이아웃도 중요하다. 이는 시인성을 높여주는 데 적절한 여백과 균형도 내용의 전달력 측면에서 중요하기 때문이다. 효과적 의사결정을 위해 자주 하는 것이 프레젠테이션이나 보고이다. 보고자의 태도와 제스처, 목소리 톤이 내용의 신뢰감을 높여준다. 너무 빨라도 안 되고, 너무 느려도 지루하다. 보고를 받는 사람의 시선이 가는 방향에 맞춰 차근차근 풀어가면 된다. 특히나 프레젠테이션은 전달력이 생명이다. 때론 하나의 이미지가 백 마디의 말보다 효과적일 때가 있다. 너무 화려하거나 조잡하지 않고 간결하게 구성하자. 사용하는 색조도 통상 3색 정도 이내에서 일관성 있게 써주는 것이 좋다. 너무 여러 가지의 컬러를 활용하면 주의가 분산된다. 프레젠테이션에서 애니메이션이나 그림은 절제미가 생명이다. 이것의 정도를 넘어서면 사용하지 않는 것보다 못하다. 발표 스크립트도 사전에 간결하게 작성해서 입에 익혀두면 절제되고 전달력 높은 발표가 될 수 있다. 특히나 잘 정제된 표현과 문장은 전문성을 돋보이게 해주고 자신만의 경쟁력 차별화 포인트가 될 수 있다.

보고와 발표는 쌍방향이다. 보고를 받는 사람과 청취자의 속도와 맞춰야 한다. 발표에 몰입하다 보면 혼자서 쓱 지나가 버린다. 듣는 사람들에게 내용 전달 및 이해가 안 되는 경우이다. 발표하고 끝내는 것이 아니라 의사결정에 활용하고, 실행에 동참이 필요한 경우라면 특히 쌍방향 소통이 중요하다. 이를 반복 또 반복해서 자연스러워질 때까지 연습하자.

효과적인 소통에 필요한 몇 가지 원리와 사례들을 얘기했다. 왕도는 없다. 연습하고 몸에 충분히 익히는 것이다. 늘 성공적인 보고와 발표를 하는 사람들은 보이지 않게 연습 또 연습을 한다. 시간과 노력을 기울인 만큼 완성도는 높아진다. 다행스럽게도 요즘 기업들은 격식을 그리 따지지 않는다. 스피드가 생명이다. 그러나 스피드를 내려면 기초가 튼튼해야 낼 수 있다. 주위의 잘 정리된 보고서들을 참고하여 관심을 가져두자. 누구나 소통의 달인이 될 수 있다. 오직 간결함만이 지혜의 본질이다⟨Brevity is the soul of wit⟩, 셰익스피어, William Shakespeare, 영국 극작가.

⌐ Self Check Point

☐ 소통의 핵심요소와 실천방법을 이해하고 있는가?

☐ 구성원의 일에 대한 맥락과 구체성을 명확히 하고 있는가?

☐ 커뮤니케이션 스킬을 충분히 습득하고 있는가?

권위는
통찰력에서 나온다

통찰력Insight 을 풀어보면 "안In 을 들여다본다Sight "이다. 우리는 이처럼 사물의 원리와 본질을 간파해 내는 능력을 통찰력이라고 한다. 리더가 올바른 의사결정을 하기 위해서는 반드시 통찰력의 발현이 필요하다. 왜 리더에게 이 통찰력이 필요할까? 통찰력을 갖추기 위해 우리는 무엇을 준비해야 할까? 통찰력을 통해 무엇을 얻을 수 있을까?

리더는 늘 의사결정의 리스크에 대한 부담을 안고 있는 것이 사실이다. 자신이 한 의사결정의 결과가 팀과 개인에게 어떠한 영향을 미칠 것인지에 대해 늘 고민이 많다. 때문에, 무언가 결정을 내리기 위해서는 그만큼 사안에 대한 깊이 있고 넓은 안목이 있어야 한다. 이를 위해 사안의 본질을 간파해 내야 하는데, 전장에서 눈앞에 나타난 이가 적군인지 아군인지부터, 적의 병사가 첨병인지 본대인지?, 본격적인 공격인지 간 보기인지?, 협상에 있어 기만인지 아닌지? 등의 전략과 전술을 냉철하게 간파해 내는 것이 쉽지만은 않다. 더군다나 치열한 경쟁에서는 앞에선 웃지만 뒤에는 다른 이면이 늘 있기 마련이다.

문제는 리더가 이처럼 냉혹한 상황에서도 냉철하게 리더십을 발휘해 내야만이 팀이 살아남고 성과를 낼 수 있다는 것이다. 또 그래야만 효과적인 대응전략도 전개할 수가 있다. 뛰어난 아이디어의 발견은 일상에서 문득 얻어지는 경우가 많다. 대부분은 아는 것만큼 보인다는 단순한 진리에서부터 시작된다. 이 짧은 순간과 아는 것의 사이에 통찰력의 원천이 있다.

한때 유럽을 제패한 나폴레옹은 자신이 모든 상황에서 즉각적인 결정을 내릴 수 있었던 것은 늘 예측 가능한 일들에 대해 충분히 성찰해 두고 있었기 때문이라고 했다. 리더에게 요구되는 의사결정의 결단력 발휘와 올바른 의사결정을 위한 성찰의 효과를 보여주는 좋은 사례이다. 어려운 문제를 들고 리더를 찾는 팀원에게 결단력 있게 방향을 제시해 주고, 주변의 사항들을 명쾌하게 정리해 줄 수 있다면 탁월한 리더가 될 수 있다. 그러나 우리는 불행하게도 나폴레옹이 아니다. 때문에, 평소에 꾸준히 통찰력을 키워나가야 한다.

지금처럼 예측할 수 없을 정도로 환경의 변화가 극심하고, 전혀 새로운 차원의 가치가 과거와는 다른 양태를 띠며 일어나는 것이 현실인 상황에서, 통찰력은 리더에게 꼭 필요한 필수 조건이 되었다. 통찰력은 사물이나 사건의 단면을 보고 그 일면을 단편적으로 이해하는 능력과는 다른 차원이다. 더불어 감각적이고 즉흥적으로 추측하고 판단해 내는 직관력과도 다르다.

통찰력은 예측 가능한 상황들을 예리한 관찰력으로 다양한 관점에서 지식과 경험을 통해 종합적으로 사고해 내는 행위를 말한다. 예를 들어 역사를 바꾼 수많은 발견의 결과물 중에는 산업현장에서 많이 사용하고 있는 컨베이어시스템이 그 하나인데, 탄생의 과정을 보면 사실은 소 도축장에서 흘러가는 공정을 보고, 이를 포드가 자동차 생산시스템에 적용해 낸 것으로 통찰력의 탁월한 결과물이다. 때로는 통찰력이 전혀 새로운 가치를 만들어 내기도 하는데, 애플사의 아이폰처럼 기존 전화기가 지닌 통신기기 콘셉트를 정보의 공유와 소통의 IT 생태계로 발전시켜 새로운 가치를 만들어 낸 것도 사물의 본질을 간파한 탁월한 통찰력의 결과물이다.

이처럼 통찰력은 치열한 생존 경쟁을 이겨내야 할 리더의 자질이고 성공의 조건이다. 경쟁과 혁신의 한계에 직면한 레드오션Red Ocean에서 살아남고, 새로운 비전과 가치창출의 장이 될 블루오션Blue Ocean을 개척하기 위해서는 기존의 전통적 가치들을 변화시켜 새로운 경쟁력의 원천을 창출해 내야만 한다. 이제는 통찰력이 없으면 경영의 흐름을 이해할 수도 없다. 산업의 선도자가 아니라 영원한 2등이 될 수밖에 없다. 앞서가는 1등 조직이 아니라 언제고 사라지고 마는 2등 조직이 될 수밖에 없다. 그러면 통찰력을 갖추기 위해 무엇을 해야 할까?

첫째, 관찰과 사고의 힘을 키워야 한다. 일상의 스쳐 지나가는 현상들에 대해 깊이 있게 관찰하고, 원리와 의미와 가치를 세심하게 살펴보는 것이 필요하다. 그냥 들여다보는 관찰이 아니고 그 근원이 무엇이고, 배경과 흐름은 무엇인지, 응용성과 확장성은 어디에 있는지를 탐구하는 관찰과 사고여야 한다.

둘째, 다양한 관점의 사례와 지식을 섭렵하는 노력을 기울여야 한다. 몇 년 전 우리 사회 각 분야에서 창의성에 대한 논의와 함께 인문학에 폭발적 관심이 일었던 것도 이런 이유 때문이다. 지금은 경쟁의 원천이 달라지고, 산업 간의 경계가 무너진 시대이다. 때문에, 특정 학문과 분야에만 범위를 한정해서는 새로운 가치와 혜안을 찾아낼 수가 없다. 경계의 담장 위에 올라가야 새로운 땅이 보이고 새로운 경쟁도 보이는 것이다. 울타리 안에서만 맴돌아서는 미지의 영역을 탐구할 수가 없다.

셋째, 몰입의 힘을 키워야 한다. 몰입은 필요와 간절함에서 나온다. 통찰력은 갑자기 얻어지는 것이 아니다. 일상의 몰입과 이완에서 변화와 혁신에 대한 꾸준한 갈증과 열정만이 이를 끌어올릴 수 있다. 오직 치열함만이 통찰력을 키운다. 끝내 성공으로 이끈 리더들은 신념과 철학의 차원까지 갈증을 끌어올려 몰입하는 이들이다.

마지막으로, 미래와 비전에 대한 관심과 방향성을 놓지 않고 있어야 한다. 중심도 없이 이리 갔다 저리 갔다 하는 것은 실패의 지름길이고, 창의성 측면에서 효율적이지도 않다. 어떠한 상황에서도 리더가 추구하는 비전과 목표는 흔들림 없이 지키고 있어야 한다. 그래야 이것들을 뒷받침하고 실현해 낼 수 있는 길이 보인다. 비전과 목표가 없으면 앞으로 가야 하는데 자꾸 옆으로 빠지거나 뒤로 처진다. 이렇게 해서는 급변하는 변화와 혁신의 속도를 따라갈 수가 없다.

통찰력을 통해 우리는 일상에 새로운 가치를 불어넣을 수 있고 활로를 찾을 수 있다. 문제의 본질을 파악하고 그 원인에 제대로 대처할 수 있다. 리더는 비전과 가치Value를 통해 조직과 구성원을 이끄는 사람이다. 통찰의 힘을 바탕으로 새로운 기회에 대한 도전의 흐름을 끊임없이 만들어 내야만 한다. 그래야 일상에서도 올바른 의사결정을 할 수가 있다.

⌐ Self Check Point

☐ 리더에게 왜 통찰력이 필요한가?

☐ 통찰력을 갖추기 위해 무엇을 해야 하는가?

☐ 팀의 미래와 비전에 대해 구성원과 공유하는가?

열정과
탁월함으로 이끌기

열정에 대하여

처음 마음먹은 그대로 늘 한결같게 산다는 것은 우리 일상에서 결코 쉬운 일이 아니다. 조직생활을 하다 보면 참으로 많은 굴곡이 존재한다. 사적인 일상에서도 그렇고, 복잡하게 얽힌 업무 관계 네트웍에서도 그렇다. 대부분은 자신의 선택에 의한 결과로 책임을 져야 하는 경우이지만, 때로는 공동의 목표와 행동에 의해 일원으로서 일부를 감당해야 하는 경우도 있고, 어떤 경우에는 자신과 무관한 상황에서도 어쩔 수 없이 곤혹스러움을 감내해야 하는 경우도 있다. 때문에, 조직생활은 굴곡과 온갖 이슈들의 연속이다. 이러한 조직생활을 길게는 30년 이상 조직생활을 해오며 열정을 유지한다는 것은 매우 어려운 일이다. 누구나 힘들 때가 반드시 있다. 문제는 그것을 어떻게 이겨내느냐가 이후의 결과를 좌우한다. 때로 열정이 식을 때도 있다. 그런데, 긴 시간을 두고 보면 그것은 잠시 쉬어가는 것일 뿐, 열정이 사라졌다고는 할 수 없다. 누구나 휴식은 필요하기 때문이다. 이 열정이란 무엇일까? 사람들은 열정에 대한 정의를 어떻게 내릴까? 사전적으로는 '어떤 일에 애정을 가지고 열중하는 마음'이라고 한다. 열중하는 데 애정이 있어야 한다는 것이다. 대체적으로 우리는 열정을 '어떤 일에 마음이 움직이는 정도'라고 한다. 뜨겁고 적극적으로 움직이면 열정이 뜨거웠다고 하고, 외면하거나 뒤로 물러나 관망하면 열정이 식었다고 한다. 조직생활의 자세와 일에 대한 태도도 마찬가지다. 조직의 일은 반드시 누군가는 해야만 하는 것이고, 반드시 성과 있게 해야만 하는 것이다. 그럴만한 가치가 있는 일들만 조직은 인적자원과 비용을 투입해서 실행시킨다. 때로는 본류가 아니라고 생각하는 일을 하게 되는 경우가 있다. 하지만 그러한 일도 기꺼이 받아들이는 마음의 흐름이 바로 구성원으로서의 '열정'이다. 리더는 일의 분배를 할 때 구성원의 수행 역량과 태도를 보고 판단한다. 그것을 통해 조직에 대한 태도와 일에 대한 열정을 인식한다. 가끔은 나의 열정이 긍정의 에너지로 많은 사람을 변화시킬 수도 있다. 이처럼 중요한 열정을 어떻게 하면 뜨겁게 유지할 수 있을까?

첫째, 일의 가치를 정확히 아는 것이다. 일하는 목적이 무엇이고, 그 일을 통해 어떤 목표를 이룰 수 있는지를 명확히 알고 있으면, 그 일에 몰입하는 열정을 유지할 수 있다. 몰입은 무한 에너지를 창출한다. 그래야 일에 대한 가슴 설렘도 간직할 수 있다. 목적은 일을 하려는 이유와 방향을 인식하게 해주고, 목표는 이루고자 하는 일의 최종적인 결과물을 보여준다. 일의 가치가 목적과 목표로 이해될 수 있도록, 그 일을 왜 하는지에 대한 질문을 스스로에게 계속해야 한다. 그래야 열정의 강도와 방향을 유지할 수 있다.

둘째, 도전해 보고 싶은 가슴 설레는 일을 하는 것이다. 자신이 그 일에 사로잡히지 않았는데 일의 성과가 잘 나올 리가 없다. 일에 사로잡혀야 몰입할 수 있고 열정도 뜨거워진다. 때로 일의 과정에서 좌절하고 실패를 경험해도, 내가 도전해 보고 싶은 가슴 설레는 일이 있으면 기꺼이 다시 일어날 힘을 얻을 수 있다. 열정은 남이 주는 것이 아니고, 자기주관적 속성이 강하다. 때문에, 스스로의 마음가짐이 가장 중요하다.

셋째, 일과 자신이 함께 성장하는 트랙이 되어야 한다. 일의 발전이 자신의 발전이고, 이를 통해 더욱 성장할 수 있다는 확신을 가져야 한다. 이것이 자기효능감Self-efficacy 의 일종이다. 그래서 직장에서 전문가로의 성장을 통해 평생의 직업을 찾고 연결하는 것이 중요하다. 일에 대한 확신이 있고, 일에 대한 열정이 있으면, 일의 추진 방향을 잘 잡을 수 있고, 장기적 관점의 고찰도 할 수 있다. 일의 결과도 방향성을 잘 유지한 채 성공적으로 도출해 낼 수 있다. 이렇듯 열정과 몰입, 신념이 자신의 가치를 높인다.

가끔은 열정에도 의도된 게으름이 필요하다. 힘들고 지칠 때 소진Burn-out 현상이 오는 경우가 있기 때문이다. 이를 슬기롭게 이겨내려면, 잠시 쉬어가는 것도 방법이다. 긴 인생과 직장 생활에서 단지 며칠간 의도된 게으름을 피운다고 해서 결과가 크게 달라지진 않는다. 오히려 균형 있게 관리된 몰입과 이완이 때로 뜻밖의 창의성을 높이고, 예상하지 못했던 더 좋은 결과를 가져오기도 한다. 가끔은 멈춰 서서 뒤도 돌아보고, 미래도 상상해 보고 하자. 경주마처럼 시야를 좁히고 오로지 앞만 보고 뛰게 한다고 해서 반드시 성과가 높아지는 것도 아니다. 인간은 말이 아니기 때문이다.

탁월함에 대하여

늘 열정을 유지하는 것도 참 어렵지만 팀의 구성원 모두가 꾸준히 탁월한 성과를 내는 것도 어렵다. 결코 흔한 일이 아니다. 무엇이 결과의 탁월함을 결정할까? 리더의 고민이 여기에서 매우 깊어진다. 조직생활의 탁월함에 대한 정의는 그리 난해하지 않다. 몇 가지 대표적인 것을 추려보면 정보의 양과 질의 문제, 구체성 즉, 디테일 Detail 의 문제, 타이밍의 문제 등으로 볼 수 있다. 이러한 것들이 결과의 탁월성 수준을 결정한다 해도 과언이 아니다.

첫째, 정보의 양과 질의 문제는 자신의 분야에 대한 네트워킹과 꾸준한 학습의 결과이다. 기초가 준비되어 있고, 일의 수행을 통해 지식과 경험을 잘 축적해 놓으면 어떤 일이든 성과 있게 해낼 수 있다. Input 이 되는 정보는 늘 주변에 존재한다. 다만 이를 체계화하여 활용할 수 있느냐의 차이가 있을 뿐이다. 복잡해진 지식 정보의 홍수에서 노하우 Knowhow 가 모든 것을 결정하지는 못한다. 정보의 양이 너무나 많기 때문이다. 이때는 노웨어 Knowwhere 를 잘 활용하면 된다. 챗GPT와 같은 생성형 AI 기술이 이를 더욱 촉진할 것이며, 정보가 어디에 존재하는지를 잘 아는 것이, 정보 자체를 획득하고 최신으로 유지하는 것보다 투자 대비 효용성이 더 높다.

둘째, 디테일의 문제이다. 일의 맥락을 잘 잡고 큰 방향을 얘기할 수 있어도 세부적인 디테일에서 약하다면 그만큼 신뢰도가 떨어지고, 공염불에 가까워진다. 일의 큰 방향이나 공개념적 정의는 누구나 얘기할 수 있는데, "그래서 어떻게 할 것인가요?" 하고 한 단계 더 들어가면 막히는 경우가 많다. 계획과 실행의 디테일이 약하기 때문이다. 디테일은 고민의 정도에 달려 있다. 따져보고, 짚어보고, 시뮬레이션Simulation 해보고를 반복하다 보면 스스로 디테일의 수준을 높일 수 있다. 모든 것을 다 같은 깊이로 파헤칠 필요도 없다. 스스로의 판단에 따라 필요한 만큼 효율적으로 일하면 된다.

셋째, 타이밍의 문제다. 아무리 정제된 훌륭한 정보나 의사결정도 타이밍이 맞지 않으면 아무런 쓸모가 없다. 보고의 타이밍은 먼저, 제때, 자주이다. 보고는 곧 소통이다. 사전에 여러 커뮤니케이션이 일어나면 방향도 맞출 수 있고, 과정도 수시로 검토할 수 있다. 이러한 노력이 기울여지는데 어찌 결과가 나쁠 수 있겠는가? 설령 환경적 요인이나 불가피한 변수들로 인하여 결과가 어려워져도 과정상 소통이 잘되어 있으면 별문제 없이 마무리된다.

최근 국내외 여러 조직이 구성원의 열정과 탁월함을 조직문화 차원에서 접근하고 있다. 요즘 자주 얘기하는 수평적 조직문화도 본질을 파고들어 가 보면 결국 팀의 리더와 구성원의 열정과 탁월함을 일깨워 조직의 성과를 높이는 데 있다. 조직의 창의성이 높다고 평가되는 구글의 직원들이 강조하는 첫 번째 가치는 '심리적 안정감Psychological Safety,

《두려움 없는 조직》, 에이미 에드먼슨, Amy Edmondson'이라고 한다. '자신의 도전과 실패가 비난받지 않을 자유', 이것이 보장되는 문화가 구성원의 열정과 탁월함을 깨울 수 있다. 시대가 바뀌고, 환경이 변하고, 표현하는 용어가 조금 달라질 수는 있어도 조직이 추구하는 가치는 쉽사리 바뀌지 않는다. 그래서 오랜 기간 한 직장에서 같은 분야의 업무를 수행하여도 매일매일 발전하고 변화할 수 있는 것이다. 자신의 열정을 잘 유지하고 몰입하고 치열함을 견지하자. 이 열정과 탁월함이 자신의 경쟁력이 되면 성공적 조직생활을 기대할 수 있다. "성공은 위험하다. 성공과 함께 다른 사람을 모방하는 것보다 위험한 자기 모방이 시작된다. 마침내 불모의 상태에 이르게 될 것이다피카소, Pablo Picasso"

⌐ Self Check Point

☐ 구성원의 열정을 어떻게 깨울 것인가?

☐ 성과의 탁월함에 대해 자신만의 판단기준이 있는가?

☐ 구성원의 심리적 안정감을 중요하게 관리하는가?

몰입과 성찰
그리고 자기혁신

몰입

몰입이란, 특정 사물 또는 사건, 일과 마주하고 있는 오로지 자신만의 집중 상태를 말한다. 우리는 가끔 일에 집중하다 보면 어느 순간 모든 행동이 자연스러워지고 물 흐르듯이 술술 풀려가는 상태를 경험하곤 한다. 개인에 따라 차이는 있지만 높은 몰입 상태에 들어가 있는 것이다. 이러한 고도 몰입의 상황이 일상에서 자주, 의도와 계획을 가지고 일어나게 하는 것이 몰입에 의한 자기경영이고, 스스로를 최고의 성과를 창출할 수 있는 상태에 놓이게 하는 것이다.

우리는 조직생활을 하면서 매일 수없이 많은 일과 계획되지 않은 상황들에 직면한다. 그때마다 풀어야 할 일의 실마리가 잡히기 전까지 고민에 고민을 거듭한다. 그러나 쉽사리 잡히지 않는 경우가 있고, 어느 한순간 스치듯 지나가는 이미지나 아이디어가 있다. 때로 그것이 일을 푸는 단초가 되기도 한 경험들이 있다. 몰입과 이완의 상태에서 무의식적으로 자기 암시와 확신의 과정을 거친 후 창의성이 발현되는 것이다. 이러한 것이 몰입의 현상 중 하나이다. 스스로 풀어야 한다는 강한 의지와 고민이 자신의 상태를 끌어 올리는 것이다. 몰입에 대해 연구한 이들은 대부분 몰입의 힘을 이처럼 몰입과 이완의 중간에서 경험하게 되는 경우가 많다고 한다. 그러면 우리에게 왜 몰입이 필요할까?

몰입은 그 과정을 통해 창의적이고 혁신적으로 성과를 이끌어 올릴 수 있다. 그러나 현실에서는 특히 조직에서는 몰입의 힘을 충분히 활용하지 못하는 경우가 의외로 많다. 이유는 우리의 조직은 효율을 기본으로 하는 생리를 가지고 있기 때문에 몰입과 이완의 과정을 쉽사리 허용해 주지 않는다. 특히 관리자들은 과정보다는 결과를 중시하는 경향이 있기 때문에 몰입과 이완의 과정을 소모적인 낭비로 보는 시각이 많다. 아울러, 조직 내에서 일상적으로 벌어지는 일들은 주기성을 가지고 반복되는 경우가 많기 때문에 고도 몰입의 상태를 굳이 필요로 하지 않는다는 오해도 존재한다. 또한, 과거의 성공 경험이 새로움에 대한 도전을 가로막고 있기도 한다. 하지만, 조직의 일상적인 운영원리가 앞으로도 지속되거나 같기만 할까? 그렇지 않다고 보는 것이 맞을 것이다. 조직과 일을 둘러싼 환경이 바뀌었고 구성원의 가치관도 과거와는 다른 차원으로 바뀌었기 때문이다.

일이 벌어진 양태는 비슷해도 전혀 다른 해법이나 접근방식 Solution

을 필요로 하는 경우가 많다. 도저히 과거의 방식으로는 근본적 해결을 할 수 없는 경우들이 이제는 일상화되어 간다. 변화의 속도가 너무나 빨라 늘 새로운 상황과의 싸움이 시작된 것이다. 더 이상 과거 방식의 답습으로는 현상을 유지하기도 어려워졌다. 이제는 창의적 몰입이 일상이 되어야 한다. 새로운 솔루션을 찾기 위해 새로운 차원의 시도가 필요하기 때문이다. 그래야 성과를 담보할 수 있다. 이러한 관점과 사고를 구성원들이 갖추고 있을 때 성과가 높은 문제 해결형 조직이 될 수 있다.

지금은 과거보다 훨씬 많은 정보와 이전보다 훨씬 다양한 접근 방법론이 많다. 그런데 왜 결과의 질적 수준을 보면 자꾸 뒤처진다는 평가를 받을까? 답은 간단한 데 있다. 몰입하지 않기 때문이다. 예전에는 좀 과장해서 표현하면, 생각 좀 하면 해법이 보였다. 그만큼 환경이 복잡하지 않았고, 변수가 많지 않았고, 특히 통제 불가능한 외부변수보다 통제와 관리, 예측이 가능한 내부 변수가 더 많았다. 그러나 이제는 생각이나 고민 좀 해서는 답이 잘 보이지 않는다. 파악해야 할 정보의 양이 많아졌고, 문제의 복잡성도 커졌다. 이제는 새로운 관점에서 새로운 시도가 필요하다. 혁신을 혁신하고 한계를 극복하는 시도가 필요함을 말하는 것도 이런 이유 때문이다.

과거에는 일을 제법 잘하던 사람이 요즘 들어 영 시원치 않다면, 그 사람이 생각하고 행동하는 습관을 확인해 보자. 자꾸 과거의 자료들만 뒤적이고 있지는 않는지? 말이다. 거기에는 변화된 환경까지를 고려한 충분한 솔루션이 없을 수 있다. 그럼에도 불구하고 정해진 답만 찾으면 더 이상 발전이 없는 것이다.

몰입을 통해 탁월한 성과를 창출해 낸 사례들을 배울 수 있는 기회는 주위에서 쉽게 찾아볼 수 있다. 그러나 자신만의 실천방법이 되지 못하는 것은 실천력의 부족과 의지의 한계, 원리에 대한 이해 부족 때문이다. 이제는 구성원의 몰입을 촉진하는 방법을 리더가 알아야 한다. 그래야 팀이 경쟁력을 유지하며 성장할 수 있다.

첫째, 몰입할 수 있는 환경 조성이 필요하다. 구성원이 몰입할 수 있는 분위기를 물리적이든 제도적이든 리더가 만들어 주는 것이 창의성이 넘치는 몰입하는 조직으로 가는 첫걸음이다. 기본적으로 조직문화가 개인의 자율과 창의성을 보장할 수 있어야 한다. 업무환경이나 인프라 또한 중요하다. 집중할 수 있는 환경, 필요에 따라 방해받지 않을 공간도 조성되어 있으면 좋다. 일상적인 업무와 몰입이 필요한 업무를 구분하여 보장하는 것도 환경 측면에서 많은 도움이 된다.

둘째, 몰입과 이완의 순환 사이클이 적절하게 유지될 수 있도록 해야 한다. 구성원이 몰입을 통해 달성하고자 하는 분명한 목표가 있어야 하고, 보다 도전적인 가치가 있는 활동들이 리더의 개입을 통해 목표로 주어져야 한다. 몰입은 이완의 과정을 통해 재창출 역량을 높이는 방향으로 리더가 장려하는 것이 성과를 지속시킬 수 있는 좋은 방법이다. 극한의 수준에서 혹사당한다는 느낌을 가지게 되면 정신적 육체적 소진Burnout 상황에 직면하게 되고, 이는 구성원 개인은 물론 팀 전체에 부정적인 영향을 주게 된다.

셋째, 몰입의 성과를 공정하게 공유하는 것이 몰입의 동기를 끌어올리고 유지하는 좋은 방법이다. 개개인의 성과를 투명하게 공개하고 각자의 몰입의 정도를 평가받아야 한다. 그리고 각자의 기여에 맞는 공정한 인정과 보상이 반드시 뒤따라야 한다. 성과에 대한 공정성의 시비는 결국 조직력을 망치고, 구성원의 몰입에 대한 의지 또한 약화시키기 때문이다.

넷째, 몰입 이후 이완의 여건도 충분히 보장해야 한다. 이것이 요즘 얘기하는 일과 삶의 균형_{WLB, Work and Life Balance}이다. 쉼이 없는 지속적인 몰입은 정신적 육체적 피로도를 높인다. 적당한 몰입과 이완의 반복이 성과를 높일 수 있다. 공부도 운동도 일도 효과적으로 잘하는 방법의 비결은 하나다. 몰입과 이완의 습관화이다.

어떤 이들은 도전해야 할 과제가 생기면 초기에는 빈둥거리는 듯한 모습을 보인다. 그러나 알고 보면 스스로 일을 풀어낼 실마리를 찾기까지 몰입과 이완을 수시로 반복하다가, 어느 순간 일의 실마리가 잡히면 단 몇 시간, 단 며칠 만에 성공적으로 해결해 낸다. 이 사람은 궁극의 몰입과 이완이 습관이 된 사람이고 이를 통해 창출하는 성과도 대단히 높게 나타난다.

몰입에는 한계가 없다. 만족하고 즐기면 그 힘은 무한대가 될 수 있다. 이것이 몰입의 힘이고, 구성원의 몰입을 리더가 체계적으로 지원하면 그 조직의 성과는 극대화될 수 있을 것이다.

성찰 省察

매일 일기를 쓰듯, 일상에서 자신을 돌아보는 것은 그날그날을 성찰하는 의미 있는 삶을 사는 것이며, 성찰을 통해 더 나은 삶을 갈구하고,

목표를 향해 방향성을 잃지 않고 나아가는 습관이다. 개인의 삶도 그러할진대, 조직의 리더로서의 삶은 더 말할 것이 없을 것이다. 하루 중 가족보다 더 많이, 더 가까이서 생활하는 이들이 동료다. 수많은 네트워킹 Networking 과 소통, 협업 속에서 자신의 존재 가치를 평가받는다. 우리는 '성찰하는 삶'을 조금 더 구체화해서, 조직 내에서 어떠한 경우에 성찰의 필요성이 높아지고, 어떻게 하면 더욱 발전적인 모습으로 나아갈 수 있는지 생각해 볼 필요가 있다.

성찰은 개인 삶의 영역 속성이 강하지만, 리더의 생각과 태도는 곧 팀의 성과와 만족에 영향을 끼치기 때문에 매우 중요한 이슈라 할 수 있다. 또한, 조직 리더로서의 삶에서 성찰의 계기가 되는 주요한 이슈들은 대표적인 것이 구성원과의 관계, 개인적 시련과 성취 등이다.

그중 첫째가 구성원과의 관계에 대한 성찰이다. 조직생활은 개개인의 신념과 철학이 실현되는 장이다. 때문에, 우리에게는 일상의 성찰을 통해 더욱 발전하는 삶을 살아야만 하는 당위성이 여기에 있다. 팀의 일원으로서의 삶은 늘 수많은 관계 속에 있다. 리더와의 관계, 동료나 후배와의 관계 등 다양한 형태를 띠고 있다. 개인의 삶뿐만 아니라 구성원으로서의 일상에서도 수직적, 수평적 관계가 원만히 형성되지 않으면, 그 결과는 업무성과에도 영향을 미친다. 때론, 개인의 삶과 조직 구성원으로서의 삶이 충돌하기도 한다. 더구나 요즘은 과거와 같은 집단적 사고와 행동이 중시되던 상황보다는 세대 간의 특성이 다양해지고, 개인주의 성향이 강해지며, 조직과 개인 삶의 균형을 중요시하는 문화들이 확산되고 있다. 또한, 수많은 관계 속에서 개인의 가치를 찾는 삶이 중요해지고 있다. 때문에, 구성원 간의 관계 속에서의 자신에 대한 성찰이 필요하다. 이를 통해 발전하는 리더십의 일상을 추구해야 한다.

둘째, 조직 내 시련에 대한 성찰이다. 시련과 도전은 항상 같이 나타난다. 도전하지 않는 삶은 시련도 없다고 해도 과언이 아니다. 때문에, 발전을 꾀하는 사람은 늘 시련의 순간을 맞이할 준비를 하고 있어야 한다. 그리고 시련이 닥쳐왔을 때 어떻게 대응하고, 극복했는지에 대한 성찰이 필요하다. 시련 속에서 자라는 나무가 결이 단단하고 강하다. 악기를 만들었을 때 울림의 소리도 크다. 우리는 시련 속에서 성장하는 삶을 앙스트블뤼테Angstblute, 독일어, Angst+Blute, 불안+개화의 합성어에 비교하기도 한다. 실패에서 성찰하지 못하고 환경 탓, 남 탓만 하는 사람은 발전이 없다. 시련의 연속만 있을 뿐이다. 치열한 성찰을 통해 다시 일어설 수 있는 에너지를 만들자. 그래야 실패하지 않을 가능성도 커지고, 설혹 잠시 실패를 해도 다시 뛸 용기가 생긴다.

셋째, 성취의 순간에도 성찰해야 한다. 자신의 성취는 온전히 자신의 노력만으로 될 수 없다. 여러 사람의 기여와 협업이 있었을 것이고, 어쩌면 다른 이의 희생도 전제하고 있었을 수 있다. 그래서 기쁨의 순간에도 되돌아봐야 할 이유가 있는 것이다. 우리가 성취의 기쁨에 자아도취 되는 순간, 곧 실패를 향한 첫발을 내딛게 된다. 그러나 성찰을 통해 본질을 파악하게 되면, 겸손해지고, 감사함을 갖게 된다. 조직에서는 결코 혼자 해내는 일은 없다. 이유는 모든 조직은 이해관계자 집단이기 때문이다.

이렇듯 성찰하는 삶은 자신뿐만 아니라 주위의 사람까지도 배려하는 삶이다. 당신이 훌륭한 리더라면 다 같이 좋아지는 일을 굳이 마다할 이유도 없지 않겠는가? 오늘부터 시작해 보자. 저녁에 힘들다면 아침에 눈을 뜨는 순간 잠시 성찰의 시간을 가져보자. 자신에게 이렇게 질문을 던져보고 다짐하면 된다. 어제 나로 인해 힘들어한 사람은 없었는가? 나의 모습은 오늘 부끄럼이 없었는가? 그리고 나는 오늘 어떻게 살 것인가? 성찰은 다른 사람을 배려하게 하고, 나를 만족하게 하는 아름다운 일상이다. 그리고 조직은 더욱 사람 살맛 나는 곳이 된다.

자기혁신

우리는 흔히 특정 분야에 오랜 경험과 깊이 있는 지식으로 정통한 사람을 '꾼' 또는 '쟁이', '장인'이라고 한다. 그리고 이들을 '전문가'라고 부른다. 왜 조직에는 이런 사람들이 필요할까? 당연히 최고 수준의 전문성을 추구하는 조직에서 꾼과 쟁이, 장인은 대단히 중요한 인적자산이다. 전문가는 비단 숙련도에만 국한하지 않는다. 누구나 자신의 분야에서 독보적 전문성을 확보하고 발휘하고 있으면 모두 해당 분야의 전문가라 할 수 있다. 전문가는 삶에서 수없이 많은 도전과 응전, 변화에 앞선 변신의 경험적 의미와 가치를 지니고 있다. 때문에, 그저 한 분야에서 오래 종사했다는 개념보다는 쌓아온 경험과 전문성의 수준과 상태에 가깝다. 따라서, 구성원이 전문성의 수준에서 성취해야 할 가치를 조직 내에 내재화하고, 이를 체계적으로 조직 내에 승계시키는 것도 인적자원의 활용 측면에서 대단히 중요한 문제이다. 우리 스스로가 자신의 삶에 대한 확신이 없다면 자신의 분야에서의 전문성뿐만 아니라 다른 아무것도 이룰 수 없다. 자기혁신은 목표를 향한 긴 호흡과 걸음에서부터 차별화가 이루어진다. 때문에, 자신에 대한 확신이 있어야 자기혁신도 가능해진다. 목표가 있는 삶은 일상에서 의미와 보람을 느끼게 해준다. 누구나 긴 인생의 여정에서 가끔은 어려움에 처하기 마련이고, 시련이 없는 삶은 없다. 문제는 어떠한 시련도 넘을 수 있는 준비가 되어 있느냐다. 그것이 조직생활이든 개인의 삶이든 상관없다. 자기혁신은 변화에 맞서려는 의지에서 출발한다. 변화에 대비하려면 변화의 흐름을 읽는 능력이 필요하고, 무엇을 준비할 것인가는 오로지 자신의 판단 영역이다. 조직이 방향과 솔루션을 제공해 주기도 하지만, 결국 성취 여부를 여는 열쇠는 자신의 몫이다. 변화에 앞선 변신이 필요하다. 이것을 변곡점에 이르기 전에 실행한다면 성공적인 조직생활과 삶을 유지할 수 있다. 그러나 시대의 변화와 환경의 변화를 제때 제대로 읽지 못하고 변화에 둔감해진다면 결국 고난은 자신의 몫이고, 팀에도 부정적인 영향을 미친다.

　자기혁신에 있어 가장 중요한 것은 자신의 정체성과 핵심역량을 강화하는 것이다. 때로는 이 모든 것을 버리고 완전히 뒤집어야 하는 상황이 올 수도 있다. 그러나 그런 상황은 대체로 '무모함'이라고 평가를 받는 것이 더 현실적이다. 자신의 강점을 강화하면서 끊임없이 변화를 추구하는 것이 올바른 자기혁신의 길이다. 강점에 대한 강화전략의 기초 위에 단점에 대한 보완전략을 구사하는 것이 전략적 선택의 관점에서 보면 훨씬 더 안정적이고 효과적인 선택이라 할 수 있다. 완전히 새로운 영역으로의 변신을 추구하는 것은 결국 과거와의 단절적 변화를 추구하는 것인데, 이 얼마나 위험성이 뒤따르고 힘든 변화이겠는가? 물론, 변화 자체만을 즐기는 도전이라면 충분히 가치가 있는 도전은 될 수는 있다. 그러나 조직생활에서의 변화는 전문성의 확장 또는 심화 전략이 혁신과 변화의 리스크를 줄이는 방법이다. 목표가 확고하고 비전이 있는 삶은 변화를 추구하되 이정표와 같은 방향성을 잃지 않고 전진할 수 있다. 어두운 새벽에 북극성이 나그네의 이정표가 되어 주듯이 목표와 비전은 삶의 이정표가 된다. 가슴 떨리는 삶 또한 목표와 비전이 만들어 준다. 무료한 일상에 지쳐간다면 꿈과 비전을 되돌아보자. 가슴 뛰는 목표나 비전이 아니라면 그것은 잘못 설정된 것일 가능성이 높다.

목표와 비전이 있다면 우직하게 갈망하자스티브 잡스, Steve Jobs, 애플 CEO. 시련은 극복할 대상이지 좌절할 이유는 아니다. 가슴 떨리는 삶을 살고 있다면 시련은 과정일 뿐이고, 결국에는 성장의 발판이 된다. 스스로의 삶을 주체적으로 이끌어 가자. 자기혁신의 삶은 꾸준히 자신에게 도전과 열정의 가치를 불어넣어 줄 것이다. 삶의 과정에서 마주치는 '역경'은 뒤집으면 소중한 '경력'이 된다. 이를 통해 현실을 되짚어 보고 자신의 경쟁력의 원천이 어디에 있는지를 파악하자. 아파보고 나서야 건강의 소중함을 인식하게 되듯이 진정한 자신의 모습도 시련에 직면해서야 적나라하게 느끼게 된다. 조직에서 오랜 기간 생활을 한 사람들이 시장에서의 경쟁력을 제대로 파악하지 못하고, 실패를 맛보게 되는 경우가 바로 이런 상황이다. 결국은 자신의 강점과 핵심 경쟁력이 어디에 있는지를 명확히 하고, 이를 토대로 변화된 환경을 극복할 수 있도록 끊임없이 새로운 가치를 부여해 가는 것이 중요하다. 정말 소중한 것은 어떠한 상황에서도 그 가치가 변하지 않는 것이다. 방향이 맞으면 속도는 그다음의 문제다. 빨리 갈 수도 있고, 상황에 따라 늦게 갈 수도 있다. 그러나 속도만 생각하다가는 전혀 다른 방향으로 흘러갈 수도 있다. 목표가 있으면 방향을 유지할 수 있다. 우리가 익히 아는 명품 살바토레 페라가모 Salvatore Ferragamo, 이탈리아 패션디자이너 구두의 편안함은 그가 고객에게 최고의 편안함을 주기 위해 인체 해부학까지 연구하며 만들어 낸 결과이다. 그는 시간이 오래 걸린다 하여도 '고객의 편안함'이라는 방향을 놓지 않고 늘 추구했다. 그래서 누구나 갖고 싶어 하는 명품이 되었다. 이런 경우에는 겉모양은 흉내 낼 수 있어도 진정한 가치는 절대로 누구도 흉내 낼 수가 없다. 오로지 자기 확신을 통해 자기혁신의 가치를 만들어 낸 것이다.

성공한 삶을 영위한 리더들의 선택은 우리에게 많은 시사점을 준다. 어떤 이는 승부사적 기질로 경쟁의 판을 완전히 바꾸어 버린 경우도 있고, 어떤 이는 중요한 결정의 순간에 탁월한 주도력을 발휘하여 상황을 대전환시키기도 한다. 이들은 목표를 향해 끊임없이 갈망하고 또 갈망한다. 그런 삶의 어느 순간에 목표에 다가서 있는 자신을 발견한다. 이들은 부단한 자기혁신을 통해 삶을 개척한 이들이다. 그들은 치열함 다음에 오는 성취의 기쁨을 알고 있다. 시련에 직면해서도 포기하지 않는 삶이 결국은 성공으로 이끈다. 누구에게나 24시간은 공평하다. 결과를 바꾸는 것은 오직 자기혁신의 삶이다. 남이 도와주는 것은 잠시 스쳐 가는 바람 같은 것이다. 자기 스스로 일으켜 세우지 않으면, 결국에는 아무런 의미가 없다. 그래서 변화 없는 자신을 두려워하고, 자기혁신에 끊임없이 모든 역량을 집중해야 한다. 리더가 스스로의 가치를 높이지 않으면 결국에는 자신뿐 아니라 팀도 망치게 될 수 있다. 구성원에게도 같은 관점에서 변화를 위한 촉매제가 되어주는 것이 팀 리더의 역할이다.

Self Check Point

- ☐ 일상에서 몰입과 이완의 균형을 추구하고 있는가?
- ☐ 전문성 혁신을 위한 노력을 끊임없이 기울이고 있는가?
- ☐ 매일 자기성찰을 시도하고 있는가?

통제된 리더십이
팀을 강하게 만든다

T E A M   L E A D I N G

리더십 내부 통제란 최고경영자가 조직 내부의 리더십 효과성을 높이기 위해 실행하는 인사원칙과 방향, 절차, 관리정책 등을 말한다. 경쟁력 있는 조직운영에 있어 중요한 것 중 하나가 바로 리더에 대한 인사원칙을 정립하는 것이다. 리더는 조직 내 업무에 대한 의사결정 권한과 부서원에 대한 평가권, 소요 예산의 집행권 등을 가지고 있다. 때문에, 가장 높은 수준의 리더십 발휘역량이 요구된다. 그러나 의외로 최고경영진이 이를 효과적으로 실행하기가 쉽지 않은 상황을 자주 접하게 된다. 여러 요인이 있지만 조직 내 이슈가 결코 쉽지 않고, 조직성과와 운영관리 측면에서의 역할도 무시할 수 없기 때문이다. 하지만 좀 더 장기적인 관점에서 본다면 앞서 열거한 여러 가지 이유 때문에라도 반드시 리더에 대한 인사원칙은 제대로 정립되어야 하고 보다 적극적으로 실행되어야 한다. 리더에 대한 인사원칙은 최고경영자의 경영원칙으로 확립되고 구성원에게도 사전에 충분한 공감대를 이루고 있어야 한다. 그래야 예측 가능한 인사가 되고, 당사자들의 납득성과 인사의 효과성을 극대화할 수 있다. 이러한 준비가 되어 있지 않다면 조직이 기대하는 성과를 달성할 수 없고, 당사자뿐만 아니라 구성원들의 반발도 발생할 수 있다. 효과적인 인사원칙에는 여러 가지가 있을 수 있겠지만, 그간의 여러 경험과 사례를 통해 볼 때 1) 세대교체 관리, 2) 조직 주도 경력관리, 3) 무한책임 원칙 4) 사내 정치 방지 등을 들 수 있다. 이러한 원칙들이 조직의 건전성과 지속 가능성을 보장해 줄 수 있기 때문이다.

세대교체 관리: Shift Generation

좀 냉정해 보이지만 솔직하고 직설적으로 보면 '사람은 언젠가는 떠나도 조직은 남는다'. 때문에, 리더에 대한 인사원칙은 최고경영자가 자신의 중요한 과제로 다루고 있다. 모든 조직에는 인력 구조의 신진대사가 있고, 세대의 흐름이 있다. 물론 인구 구조 변화와 인력의 수급 관계, 조직 내부의 인적자원의 구조 변화 흐름 등에 따라 다를 수 있겠지만 인력 구조의 유동화에 대한 적극적 관리가 실행될 필요가 있다. 세대교체가 반드시 연령에 의한 구성원 관리를 얘기하는 것만은 아니다. 조직 내에는 기술의 세대교체도 있고, 제품이나 서비스의 세대교체도 있다. 명확한 것은 이러한 세대적 변화의 흐름에 적응하지 못하는 구성원의 예방 및 순환을 얘기하는 것이다. 사무엘 울만Samuel Ullman, 미국, 시인, 사업가의 〈청춘〉이라는 시처럼, 60대에도 변화주도 및 적응역량이 있으면 청춘이고, 30대에도 변화 의지와 적응역량이 뒤처지면 쇄신의 대상이 될 수밖에 없다.

최고경영자는 이러한 리더십에 대한 세대교체를 조직 변화관리 측면에서 인사원칙을 가지고 접근해야 한다. 그리고 변화역량을 기준으로 한 인사원칙을 조직 내에 천명해야 한다. 이는 리더십이 쇠퇴하는 것을 예방하는 효과도 있고, 조직의 신진대사를 적극적으로 관리하는 방안이 된다. 리더십의 변화역량이 낮아지면 조직의 피의 순환이 정체되는 등 구성원들 또한 같은 상황에 이를 수밖에 없다. 그러한 조직은 인건비 효율성이 대단히 낮은 조직이 되는 것은 물론이고, 조직 간 협업에서도 수동적이고 방어적으로 변할 수밖에 없다. 조직 전체가 변화를 거부하는 집단으로 변해갈 가능성이 높은 것이다.

더불어 세대교체는 조직의 경쟁력과 패러다임 변화에 있어 주도적 리더십을 강화할 필요가 있다. 기술과 시장에서 리딩 컴퍼니는 주도적 변화역량을 기반으로 하고 있다. 그러한 역량은 구성원들의 나이가 아니라 혁신역량에서 나온다. 리더들에게 변화와 혁신의 역량이 중요한 이유이다. 이는 리더의 첫 번째 자질로 요구되는 것이 혁신역량이라 해도 과언이 아니다.

최고경영자가 변화에 수동적 의사결정을 하면 팀장도 따라서 할 수밖에 없고, 팀의 리더들 또한 그러한 경향을 보일 수밖에 없다. 최고경영자 스스로 이를 경계하고 또 경계해야 한다. 그리고 일선의 리더십을 동일한 관점에서 개발 및 변화시켜 나아가야 한다.

조직 주도의 경력 순환

인재를 전략적으로 육성하는 방법에는 교육 등 여러 가지가 있지만 가장 효과적인 것이 직무 경험을 계획적으로 쌓게 해주는 것이다. 이를 위해 다양한 분야의 업무로 전문성과 경험을 확장시켜 나가게 해야 한다. 리더도 마찬가지다. 상위단위의 조직으로 이동해 갈수록 업무와 의사결정의 복잡성과 다양성이 증가 된다. 그러나 이에 대한 준비가 되어 있지 않다면 당연히 시행착오가 따르게 된다. 조직의 단위가 올라갈수록 의사결정의 영향력도 커지고 상응하여 위험성Risk도 커진다. 최고경영자가 이를 계획적으로 주도해야 할 이유이다. 인간의 본성은 안주하는 성향에 있다. 부단히 자기변화를 꾀하는 것은 결국은 무언가 자극을 주고 자신을 채찍질하는 것과 다름없다. 경력관리도 마찬가지다. 성장해 가며 부단히 자신을 준비시키고 단련하는 것이다. 전략적 경력관리는 이러한 활동을 조직의 목표와 연계시켜 계획적으로 추진하는 것이다. 이를 효과적으로 실행하기 위해서는 사전에 직책 포지션Position별로 요구되는 직무 경험을 명확히 정의해 두어야 한다. 이것이 이름하여 '포지션 프로파일Profile'이다. 이러한 포지션 프로파일에는요구되는 역량과 직무 경험, 직무과제와 범위, 핵심성과지표, 이수해야 할 교육과정 등이 명확히 도출되어 있어야 하고 이를 사전에 공개하여 투명한 경쟁원칙도 마련하여야 한다.

아울러, 조직 주도의 전략적 경력관리는 경영에 대한 시야를 넓혀주기 위한 측면에서도 반드시 필요하다. 이를 위해 전략적 양성대상자에게는 회사 내의 여러 부문을 고루 경험하게 하고, 외부전문가나 고객

등과의 네트웍 구축도 지원해 주어야 한다. 자신의 부문과 내부에 최적화된 인재만으로는 조직이 불확실성의 시대를 제대로 대응해 나갈 수 없기 때문이다.

이러한 활동에는 무엇보다도 최고경영자의 명확한 인사원칙과 의지가 중요하다. 자신을 이어갈 역량 있는 미래 리더를 준비한다는 관점에서 계획을 세우고, 멘토링 Mentoring 을 하고 점검을 해야 한다. 필요하다면 최고경영자가 주도하는 '리더십개발위원회'와 같은 기구를 만들어 정기적으로 행하는 것이 바람직하다. 시행 초기에는 공개적으로 사람에 대한 논의를 하는 것이 부담스럽겠지만, 반복되다 보면 오히려 필요하고 자연스러워진다. 이를 최고경영자 후보군에 대한 검토부터 시작하여 차츰 단계를 아래로 내려서 팀의 리더에게까지 확대하여 전 조직에 걸쳐 이러한 프로세스를 안착시킨다면 조직의 안정성과 리더십의 승계체계가 확보되는 것이다.

무한책임주의

앞서 얘기한 세대교체 관리와 조직 주도 경력관리가 최고경영자에 의한 전략적 실행관리라고 한다면 무한책임 원칙과 사내 정치 방지는 리더의 자질과 관련한 사항이다. 무한책임 원칙은 팀의 리더가 갖춰야 할 필수 덕목 중 하나이다. 구성원의 실수는 구성원의 책임이라는 식의 리더들이 많다. 이는 자신에게 오는 책임을 회피하는 것이다. 그러나 리더는 자신이 담당하는 조직에서 발생하는 모든 사안에 대한 무한

책임을 져야 한다. 그래야 구성원이 신뢰하고 따른다. 이것을 부정한다면 '책임은 네가, 과실은 내가'로 밖에 보이지 않는다. 그런 리더를 따를 구성원이 없다. 그런데 현실에서는 예상외로 그러한 리더가 많다. 팀원의 실패가 자신의 실패가 되는 것이 두렵고, 실패를 두려워하니 도전도 하지 않게 되는 것이다. 조직의 성과에 책임지는 모습을 보이는 리더, 구성원의 실수를 질책만이 아니라 성장의 기회로 바꿔줄 수 있는 리더가 조직을 더욱 튼튼하게 하고 성과 수준도 높인다. 조직의 창의성을 높이기 위해 구성원 개개인의 전문성이 충분히 발휘되도록 여건을 보장하고, 실패를 두려워하지 않는 도전문화를 적극적으로 장려해야 한다. 더불어 리더와 구성원이 혼연일체가 되어 불확실성에 맞서야 한다. 그런데 리더가 뒤에서 과실만 줍고 있고, 구성원은 제각기 각개전투를 한다면 그런 조직은 조직력이 충분히 발휘될 수 없다.

또 하나의 경우가 이전의 책임자가 놓친 부분을 현재의 책임자인 내가 책임질 수 없다는 생각을 하는 리더들이 많다는 것이다. 경영은 연속적이고, 조직에서 해당 업무는 계속 이어왔음에도 책임을 부인하는 것이다. 조직의 책임자는 현재의 업무에 대한 과거의 책임도 이어받은 것이다. 비록 과거의 문제가 제때 드러나지 않고 지금에 이르러서 나타난 문제라 할지라도 그것은 나의 책임이고 현재 리더의 무한책임이다.

사내 정치: 3류 조직으로 가는 지름길

리더가 조직을 망치는 대표적인 유형이 바로 사내 정치이다. 모든 리더들이 처음부터 이러는 경우는 많지 않겠지만 어느 순간 리더들 간에 인그룹In Group이 만들어지고, 아웃그룹Out Group을 배제하는 프레임이 형성되는 경우가 있다. 원인은 권한의 오남용과 사익추구에서 시작된다. 리더에게 주어진 권한은 업무를 올바르고 성과 있게 수행하는 데 필요한 수준에 국한된다. 구성원 개개인의 존엄성을 침해하여도 안 되고, 자신의 사익을 위해 권한을 오남용해서도 안 된다. 이것을 제일 잘 알고 있는 사람이 리더인데도 불구하고 이들은 조직의 권한을 자신을 위해 사용하는 경우가 있다. 부서원들과의 소통을 위해 사용되어야 할 예산이 자신의 네트웍을 구축하고, 유지하는 데 사용되고, 업무에 투자되어야 할 시간과 열정이 사내 정치를 하는 데 사용되는 경우가 있다. 이들은 대부분의 경우 업무의 원칙도 사적 결속을 위해 타협하고, 경우에 따라서는 성과도 타협하기 때문에 조직의 효과성에 부정적인 영향을 끼치게 되고, 결국 조직도 망치고 자신도 망치는 결과를 초래한다. 사내 정치를 하는 사람들에게서 나타나는 공통된 특징은 구성원에게 요구되는 역량과 성과의 달성에 있어 자신의 부족함을 폐쇄적 관계 지향으로 풀려고 하는 습성이다. 이러한 사내 정치의 폐해를 바로 잡기 위해서는 최고경영자가 리더십 인사원칙을 투명하고 공정하게 하는 것에서부터 출발해야 한다. 리더와 구성원 간에 개개인의 가치가 존중되고, 성과와 역량에 따라 공정하게 평가되고 인정받을 수 있도록 조직문화를 이끌어 가야 한다. 출신 지역과 학교, 입사 기수, 거주지, 연령, 성별, 취미 등 부가적인 요소가 조직 결속력의 기준이 되거나 성과를 판단하는 기준이 되어서는 안 된다. 그러한 리더나 구성원이 있다면 단호히 대처하는 것이 최선이다. 조직이 권장하지 않는 비공식적 프레임과 사내 정치에 의해 만들어지는 폐쇄적 카르텔이 조직의 성과를 저해하기 때문이다. 구성원 모두가 공정하게 성과에 따라 보상받고 누구나 자신의 노력만큼의 기회가 주어지는 조직이 바로 가능성이 열리는 조직이고, 각자가 최선을 다하는 공정한 경쟁문화가 실현되는 조직이 된다. 이러한 조직을 위해 최고경영자의 노력이 필요하고, 확고한 인사원칙이 필요하다. 사실, 앞서 얘기한 모든 사항을 바로 세울 수 있는 대원칙이 있다면 그 하나가 바로 성과주의이다. 성과에 따라 공정하게 평가하고 보상하는 성과주의를 바로 세우면 된다. 그런데 조직에서 가장 명확해야 할 이 원칙마저 실행하는 리더십 특성의 영향을 받는 경우가 있다. 대부분의 리더들은 보편타당한 가치를 존중하고 지켜내지만, 사내 정치를 하거나, 리더십의 공정성이 결여된 경우 조직이 즉각적이고 효과적으로 대응하지 않으면 조직역량 훼손의 정도가 점점 심해지게 된다. 우리는 팀 리더의 일탈적 행위나 잘못된 의사결정이 가져오는 심각한 사례들을 많이 알고 있다. 통제되지 않은 권한은 쉽게 오염될 수밖에 없고, 결국은 자신과 조직을 망치고 만다.

성숙된 리더로서 자신의 행동을 끊임없는 자기객관화를 통해 성찰하고, 오로지 팀과 구성원의 발전만을 바라보아야 한다. 진정한 리더십은 구성원의 신뢰와 지지에서 출발한다. 혼자 있는 조직에서는 결코 리더라 부르지 않는다. 자신을 믿고 지지해 주는 구성원이나 동료 없이는 결코 혼자 설 수 없다. 리더는 구성원의 신뢰부터 쌓고, 늘 성찰하고, 무엇보다 자신의 전문성을 키우는 데 부단한 노력을 기울여야 한다. 자신이 가진 예산권이나, 인사평가권, 보상결정권 등을 가지고 마치 무소불위의 권한인 양 휘두르는 리더보다 공정하고 신뢰할 수 리더에게 구성원도 더 따르지 않을까? 때로는 꺾일 줄 알면서도 부단히 부딪히는 마음이 리더에게 있어야 팀과 구성원의 변화를 이끌 수 있다. 조직은 그런 리더를 계획적으로 육성하고 활용하는 전략적 의사결정을 끊임없이 실행해야 한다.

⌐ Self Check Point

- ☐ 리더에 대한 인사원칙이 명확하고 충분히 공유되고 있는가?
- ☐ 리더 스스로 무한책임 원칙을 지키고 있는가?
- ☐ 사내 정치를 경계하는가?

　30여 년의 소중한 경험들을 잘 정리해서 조직의 리더와 리더가 되기를 꿈꾸는 이들에게 전해드리고 싶었다. 무모하게 생각되던 도전이 어느덧 4년여의 세월을 이어온 끝에 조그만 결실을 맺었다. 되도록이면 매일 일정 시간씩 꾸준히 할애하려고 애썼고, 어떤 날들은 긴 밤을 서재에서 꼬박 보냈던 적도 있었다. 책을 쓰기로 결정한 후 느낀 가슴 떨림과 오래간만에 되살아난 열정은 나에겐 너무도 소중한 시간과 경험이었다. 처음 회사생활을 시작할 때의 떨림과 두려움이 이 책을 한 장한 장 채워갈 때마다 되살아났다. 두려움을 용기로 바꾸는데 많은 시간이 걸렸다. 내 생각과 경험과 일천한 지식을 책으로 엮어서 내놓으며 자기객관화와 나 자신의 최선을 증명하기 위해 끊임없이 싸워야 했다.

　끝이 아니라 이제 시작이다. 그간의 경험을 좀 더 발전된 날을 위한 성찰의 계기로 삼고, 더 나은 모습으로 이른 시간 내에 다시 찾을 것을 약속드린다. 걸어온 짧지 않은 여정과 여전히 부족한 미완의 나 자신을 돌아보는 소중한 시간이 되었다. 결과에 대한 판단은 독자의 몫이나 부족한 부분은 비판과 격려를 소중한 자산으로 삼고 더욱 발전된 기회를 갖게 되기를 희망하며, 이 책이 팀의 조직력과 성과를 고민하는 리더와 구성원 여러분께 조금이나마 도움이 되어, 우리 모두의 희망처럼 성과가 높고 지속 가능한 팀, 경쟁력 있는 구성원의 삶이 되기를 바란다.

회광반조 廻光返照, 이제 다시 부족했던 나 자신의 모습을 되돌아보며 좀 더 발전하는 삶과 내일을 꿈꾼다. 그동안 나태하지 않고, 온전히 목적에 집중하도록 이끌어 주신 전정호 교수님을 비롯하여 일상을 함께해 온 선후배 모든 분께 감사의 말씀을 드린다. 특히, 지금은 하늘의 별이 되신 사랑하는 부모님께 감사하고, 여전히 부족한 나에게 늘 용기를 불어넣어 주는 고마운 아내 김복란과 꿈을 향해 고군분투 중인 자녀 임소희, 임수현에게도 진심으로 고마움을 전한다.

임영수 林永洙

팀 리딩

초판 1쇄 발행 2023. 9. 18.

지은이 임영수
펴낸이 김병호
펴낸곳 주식회사 바른북스

편집진행 김재영
디자인 김민지

등록 2019년 4월 3일 제2019-000040호
주소 서울시 성동구 연무장5길 9-16, 301호 (성수동2가, 블루스톤타워)
대표전화 070-7857-9719 | **경영지원** 02-3409-9719 | **팩스** 070-7610-9820

•바른북스는 여러분의 다양한 아이디어와 원고 투고를 설레는 마음으로 기다리고 있습니다.

이메일 barunbooks21@naver.com | **원고투고** barunbooks21@naver.com
홈페이지 www.barunbooks.com | **공식 블로그** blog.naver.com/barunbooks7
공식 포스트 post.naver.com/barunbooks7 | **페이스북** facebook.com/barunbooks7

ⓒ 임영수, 2023
ISBN 979-11-93341-28-5 03320